LETTRE

DE

SIR WALTER SCOTT

ET

RÉPONSE

DU GÉNÉRAL GOURGAUD.

✳

IMPRIMERIE DE J. TASTU,

RUE DE VAUGIRARD, Nº 36.

✳

LETTRE

DE

SIR WALTER SCOTT,

ET

RÉPONSE

DU GÉNÉRAL GOURGAUD,

AVEC NOTES ET PIÈCES JUSTIFICATIVES.

« Rien n'est dangereux et perfide comme les conversations officielles avec les
« agens diplomatiques anglais. Les ministres ne présentent jamais une affaire
« comme de leur nation à une autre nation, mais bien comme d'eux-mêmes à
« leur propre nation. Ils s'inquiètent peu de ce qu'ont dit ou disent leurs ad-
« versaires ; ils présentent hardiment ce qu'ont dit leurs agens ou ce qu'ils leur
« font dire ; se retranchant sur ce que ces agens ayant un caractère public,
« doivent avoir titre de foi dans leurs rapports. C'est ainsi que les ministres
« anglais avaient dans le temps publié une longue conversation avec moi, sous le
« nom de lord Willworth, laquelle était entièrement fausse. — Tous les agens
« politiques anglais sont dans le cas de faire deux rapports sur le même objet :
« l'un public et faux pour les archives ministérielles, l'autre confidentiel et vrai
« pour les seuls ministres ; et quand la responsabilité de ceux-ci se trouve en
« jeu, ils produisent le premier, qui, bien que faux, répond à tout et les met
« à couvert. »

(Paroles prononcées le 10 juin 1816, à Longwood, par l'Empereur
Napoléon, Mémorial de Sainte-Hélène, tome VI, page 191.)

PARIS

AMBROISE DUPONT ET Cie, ÉDITEURS

DE L'HISTOIRE DE NAPOLÉON, PAR M. DE NORVINS,

RUE VIVIENNE, N° 16.

❈

1827

Lorsque parut dans les journaux ma lettre (*voy.* Appendice n° 1) au sujet des imputations calomnieuses de sir Walter Scott, en France et en Angleterre, les hommes réfléchis trouvèrent cette réponse suffisante. Mais *le Standard* à Londres, *la Quotidienne* et *la Gazette de France* à Paris, improvisèrent sur cette affaire des factums plus ou moins injurieux à ma réputation.

Un journal consacré aux hommes et aux choses de l'armée, *le Spectateur militaire*, rédigé par des officiers aussi recommandables par leur caractère que par leurs glorieux services, crut de son devoir de prendre ma défense. Il joignit à la publication de la lettre que je lui avais adressée, ainsi qu'aux autres journaux, des réflexions sur les embarras de ma position et des avis sur la conduite que me traçaient les circonstances. (*Voy.* App. n° II.)

La censure m'a envié l'appui et le jugement de mes pairs. Habituée à permettre l'attaque et à interdire la défense, elle s'est opposée à la publication que se proposait *le Spectateur*, le jour même où elle souffrait que *la Gazette de France* donnât cours *hors Paris* aux ignobles calomnies du *Standard* [1].

---

[1] J'ai entre les mains un exemplaire de *la Gazette de France* du 12 septembre, qui m'a été envoyé de Lyon. Il contient un long article contre moi. Le même journal du 12 septembre, pour les abonnés de la capitale, ne dit pas un mot de cet article. Il y a donc une *Gazette de France* pour *Paris*, et une *Gazette de France* pour *la province et l'étranger*.

Mes défenseurs restaient donc condamnés au silence, lorsqu'un écrivain distingué, venant de lui-même à mon secours, a inséré dans une de ses brochures l'article du *Spectateur*, et a fait rejaillir sur moi une part de cet intérêt qui s'attache à tout ce qu'il écrit; procédé d'autant plus noble, que M. de Salvandy est l'intime ami d'un historien dont j'ai réfuté l'ouvrage. Les sentimens généreux devraient toujours ainsi marcher de pair avec le talent !

Bientôt les feuilles anglaises publièrent une réponse de Walter Scott à ma première lettre. Je priai un journal distingué par son courage et son patriotisme, *le Courrier Français*, de l'insérer en entier avec les pièces qui l'accompagnaient. Vain espoir ! la censure déclara formellement qu'elle ne laisserait publier ces documens qu'à la condition que je n'y répondrais pas.

Ces détails sont d'un faible intérêt, mais il m'importe que l'on sache pourquoi ma défense n'a pas eu une publicité égale aux attaques dont j'ai été l'objet.

Paris, octobre 1827.

Le Général GOURGAUD.

LETTRE

DE

SIR WALTER SCOTT

A L'ÉDITEUR

DU WEEKLY-JOURNAL D'ÉDIMBOURG.

———⊷✦⊶———

« MONSIEUR ,

» J'ai lu dans les journaux de Londres qui me sont parvenus hier, une lettre du général Gourgaud que je vous prie d'avoir la bonté de réimprimer avec celle-ci et les papiers qui l'accompagnent.

» Il paraît que le général est très-mécontent de ce que, m'appuyant sur des documens officiels, je l'ai représenté, dans la *Vie de Napoléon Buonaparte*, comme ayant fait au gouvernement anglais et aux représentans de deux autres des puissances alliées certaines communications qu'il semble à présent avoir à cœur de nier ou de désavouer, bien qu'il ne dise pas d'une manière explicite jusqu'à quel point.

» Par ce motif, car je n'en puis découvrir d'autre, il a plu au général Gourgaud de m'accuser, dans les termes les moins modérés, d'avoir été l'agent d'un complot tramé par le dernier ministère anglais pour le calomnier et le déshonorer. Je ne chercherai point à imiter le général dans son éloquence ni dans ses invectives ; je me bornerai au simple fait, que son accusation contre moi est aussi dénuée de vérité que de plausibilité.

» J'ai entrepris et exécuté la tâche d'écrire la vie de

Napoléon Bonaparte sans la moindre relation avec le
ministère de l'époque, et sans aucun encouragement de
sa part, ni de celle d'aucune personne liée avec ce ministère. Ce ne fut même que lorsque ma tâche était très-
avancée, que je demandai à lord Bathurst, alors secrétaire d'État au département des colonies, la permission de
consulter les documens qui pouvaient se trouver dans ses
bureaux concernant la résidence de Napoléon Bonaparte
à Sainte-Hélène. L'obligeance de Sa Seigneurie et celle
de M. Hay, sous-secrétaire, m'ont fait ouvrir au mois
d'octobre dernier les archives de leur département ; j'y
ai compulsé plus de 16 volumes in-4° de lettres dont j'ai
tiré des extraits et des notes à mon choix, et sans être
mu par aucun autre sentiment que le désir de rendre
justice à tout le monde.

» Les papiers relatifs au général Gourgaud et à ses
communications, ne m'ont été indiqués par personne ;
ils se sont présentés à moi dans le cours de mes recherches, comme beaucoup d'autres pièces contenant des
renseignemens ; et elles m'ont paru d'un caractère trop
grave et trop important, certifiées comme elles l'étaient,
pour être omises dans l'histoire que j'écrivais. L'idée que,
datées et attestées ainsi que je le dis, elles pouvaient
néanmoins être de faux documens forgés pour égarer les
historiens futurs, semble aussi absurde qu'il est positivement faux qu'elles aient été fabriquées d'intelligence
avec moi, qui, à l'époque de leur date, n'avais point la
moindre connaissance de leur existence.

» Les preuves les plus incontestables *ex facie*,
me montraient que le général Gourgaud avait at-
testé certains faits importans à différentes personnes et
en divers temps et lieux, et j'avoue qu'il ne me vint pas
à la pensée que ce qui était affirmé avoir fait le sujet
d'assertions et d'attestations positives dût être mis en
doute, parce que cela n'était appuyé que sur une communication verbale, faite devant des témoins responsa-
bles et que la signature de la personne ne se trouvait pas
au bas. J'ai été accoutumé à considérer la parole d'un
homme d'honneur comme aussi digne de foi que son
écriture.

» En me servant de ces documens, j'ai pensé qu'il était
de mon devoir de me borner entièrement aux particularités concernant l'histoire de Napoléon, sa personne et
sa situation à Sainte-Hélène, et j'ai laissé de côté tout
objet d'un intérêt inférieur, le général Gourgaud ayant,
dans ses communications avec nos ministres et d'autres,
fait allusion à des affaires d'une nature plus secrète, et
personnelles, soit à lui, soit à d'autres individus qui ré-
sidaient à Sainte-Hélène. J'observerai aujourd'hui, autant que possible, la même réserve, d'après le sincère
respect que j'ai pour l'honneur et la fidélité des compagnons d'exil du général Gourgaud, lesquels pourraient
justement se plaindre de me voir rappeler le souvenir
de mesquines altercations, mais nullement par déférence
pour le général Gourgaud, à qui je n'en dois aucune. La
marche que le général Gourgaud a adoptée m'oblige,
par égard pour ma propre réputation, de mettre toutes
les preuves sous les yeux du public, sauf la restriction
dont je viens de parler, afin que l'on voie jusqu'à quel
point elles justifient ce que j'ai dit sur ce sujet dans l'*Histoire de Napoléon*. J'aurais été également disposé à communiquer mes autorités au général Gourgaud en particulier, s'il m'en eût fait la demande conformément aux
règles ordinaires de la politesse.

» Cela posé, je vous prie d'imprimer deux documens :
le numéro I est une suite d'extraits et de notes de passages que je ne juge pas nécessaire de transcrire tout
au long, parce que je les ai trouvés épars dans une correspondance très-étendue, et parce que les faits qu'ils
contiennent, en tant que j'ai cherché à m'appuyer sur
eux, sont plus amplement détaillés dans la pièce qui suit
celle-ci. Le numéro II est une copie exactement prise
dans les archives d'une lettre écrite par M. Goulburn,
sous-secrétaire des colonies à cette époque, et dans laquelle il présente à lord Bathurst, principal secrétaire
de ce département, un rapport officiel des communications du général Gourgaud au sujet de Napoléon et de
sa résidence à Sainte-Hélène. Cette lettre, attestée par
la mention de sa signature, et dont la vérité sera regardée comme incontestable par tous ceux qui connais-

sent M. Goulburn, est pleinement corroborée par le
extraits précédens, et jette à son tour de la lumière su
ces extraits.

» En me servant de documens officiels mis à ma disposition par ceux qui avaient le droit de le faire, je me
déclare pleinement responsable de la fidélité et de l'exac-
titude de mes notes et extraits, qui, au reste, peuvent
être facilement vérifiés en les collationnant avec les originaux. Il peut s'y trouver quelques erreurs d'expression, mais il n'y a pas eu un seul mot d'ajouté ni de
retranché, qui pût altérer les passages auxquels les extraits se rapportent.

» J'ai fait connaître mes autorités et où les originaux
existent, et je compte qu'en relisant la *Vie de Napoléon*, on verra que j'ai employé les renseignemens que
ces documens me fournissaient, avec tous les égards
que l'on doit aux sentimens privés, et en même temps
avec le courage et la franchise que réclame la vérité de
l'histoire. Si j'étais capable de manquer aux uns ou aux
autres, je me mépriserais autant moi-même, s'il était
possible, que je méprise le ressentiment du général
Gourgaud.

» La tâche de l'historien appelé à se disculper est finie,
comme de raison, quand il a cité des autorités d'une
authenticité apparente. Si le général Gourgaud prétend
que les documens ci-joints sont faux ou forgés, en tout
ou en partie, c'est sur lui que doit peser l'*onus probandi*, et quelque chose de mieux que l'assertion de la
personne intéressée sera nécessaire pour détruire le témoignage de M. Goulburn et les autres preuves.

» Il y a à la vérité une autre marche à suivre. Le général Gourgaud peut présenter l'ensemble de ces communications comme un tour joué par lui aux ministres
anglais pour les engager à lui accorder sa liberté ; mais
je ne saurais imiter le peu d'égards que le général montre
pour la civilité ordinaire, au point de le supposer capable d'abjurer toute véracité, lorsqu'il rendait témoignage sur sa parole d'honneur. En représentant la santé
de l'Empereur comme bonne, ses finances abondantes,
ses moyens d'évasion faciles et fréquens, lorsqu'il savait

que sa position était le contraire sous tous les rapports, le général Gourgaud aurait dû sentir que les fausses impressions qu'il faisait naître dans l'esprit des ministres anglais, devaient avoir pour effet naturel un accroissement dans les rigueurs de la détention de son maître. Il est à propos de se souvenir que Napoléon ne voulait recevoir la visite d'aucun médecin anglais en qui sir Hudson Lowe parût mettre quelque confiance, et qu'il évitait autant que possible toute relation avec les Anglais. A qui donc sir Hudson Lowe et les ministres anglais devaient-ils ajouter foi concernant le véritable état de sa santé et les autres circonstances de sa position, s'ils devaient refuser de croire son propre aide-de-camp, un officier de distinction que personne ne pouvait supposer capable de calomnier son maître, dans le but d'obtenir un passage direct pour l'Angleterre, au lieu d'éprouver l'inconvénient de faire le tour par le cap de Bonne-Espérance ? Bien plus, lorsque le général Gourgaud, après être arrivé à Londres et après avoir pleinement atteint le but de sa déception supposée, continua de représenter Napoléon comme feignant la pauvreté au milieu de la richesse, feignant la maladie, lorsqu'il était en pleine santé, et possédant des moyens d'évasion faciles, lorsqu'il se plaignait d'une contrainte nullement nécessaire, quel effet de semblables rapports devaient-ils produire sur lord Bathurst et les autres membres du ministère anglais, si ce n'est de les porter à n'avoir aucun égard pour les remontrances de Napoléon et à redoubler de rigueur dans les précautions nécessaires pour prévenir son évasion ? Ils avaient le témoignage d'un de ses serviteurs les plus intimes pour les justifier d'en agir ainsi, et leur responsabilité envers la Grande-Bretagne et l'Europe pour la bonne et sûre garde de Napoléon, les aurait rendus inexcusables d'agir autrement.

» Au reste, quelle que soit la vérité des faits, cela ne m'importe nullement. Il me suffit d'avoir montré que je n'ai mis à la charge du général Gourgaud aucune expression pour laquelle je n'avais pas l'autorité la plus incontestable. Si j'ai été coupable d'un excès de crédulité en attachant plus de poids qu'il ne le mérite au témoignage du général Gourgaud, je suis payé pour ne pas retomber dans la même erreur, et le monde aussi pourra profiter de la leçon.

» Agréez, etc.

» WALTER SCOTT.

» Abbotsford, 14 septembre 1827. »

———⋘◦⋙———

N° I.

Notes relatives aux communications du général Gourgaud à sir Hudson Lowe et aux commissaires des puissances alliées résidant à Sainte-Hélène [1].

Gourgaud, officier très-instruit, ayant été nommé aide-de-camp du duc de Berry, fut néanmoins l'un des premiers à l'abandonner dans les cent jours. Il accompagna Bonaparte à Sainte-Hélène, parce qu'il se trouvait attaché directement à sa personne lors de sa chute.

R. Je n'ai point été aide-de-camp du duc de Berry. Ma conduite, en 1814, fut tracée par la lettre de l'Empereur. (*Voy.* App. n° III.) Ce ne fut qu'en novembre, c'est-à-dire sept mois après l'abdication de Fontainebleau, que je fus employé. (*V.* App. n° IV.) Je n'ai point abandonné de mon propre mouvement le poste que j'occupais à Paris; il me fut retiré le 19 mars 1815. (*V.* App. n° V.) J'ai été nommé de nouveau premier officier d'ordonnance de l'Empereur le 3 avril suivant. Lors de mon départ pour Sainte-Hélène, je comptais dix-sept ans de service, treize campagnes et trois blessures. À mon retour en France, j'ai été rayé des contrôles de l'armée, sans traitement quelconque, pour avoir, aide-de-camp de l'Empereur, été fidèle à Napoléon malheureux.

---

[1] Le texte des documens est imprimé en petit caractère, et les réponses du général Gourgaud sont en caractère du corps de l'ouvrage, et précédées de la lettre R.

Il a pris moins de part dans les querelles avec le gouverneur que Bertrand et Montholon, etc., et n'est nullement entré dans les débats que ces deux officiers eurent l'un avec l'autre. Il avait reçu plusieurs lettres touchantes de sa mère et de ses sœurs, auxquelles il était très-attaché. Sa conduite a paru à sir Hudson Lowe celle d'un brave officier qui suit son chef dans l'adversité. En conséquence, sir Hudson Lowe le fait passer directement en Angleterre.

R. Je ferai remarquer que, comme je n'avais violé aucune des *restrictions* ou réglemens sur notre détention, sir Hudson Lowe ne pouvait sans abus de pouvoir m'envoyer ailleurs qu'en Europe.

Gourgaud, en prenant congé de sir Hudson Lowe, lui donna sa parole d'honneur qu'il n'était jamais entré dans aucune intrigue politique, dit qu'il ne voulait accuser personne, mais qu'il devait tous les tracas et les mortifications qu'il avait éprouvés à son refus de prendre part à des choses qu'on lui avait proposées; que la vérité serait connue un jour, et qu'alors sir Hudson Lowe apprendrait qu'il avait quitté Longwood plutôt que de participer à aucune affaire politique.

R. Je n'ai donné de parole d'honneur, que celle que je rapporte textuellement dans mes observations, page 35, et dont j'ai entre les mains copie certifiée par sir Hudson Lowe.

Bertrand avait donné à Gourgaud une traite de 500 livr. sterl. sur M. Balcombe, que celui-ci ne voulut pas payer. Cette circonstance était ignorée de Bertrand, qui, lorsque le général Gourgaud demanda de l'argent, déclara, dans une conversation avec un officier anglais, que l'Empereur avait donné à la mère de Gourgaud une pension de 12,000 francs. Gourgaud pensait que cette allégation avait pour objet de lui porter préjudice auprès des Bourbons. Il déclara qu'on avait tenté de faire de lui l'exécuteur de quelques ordres. Il convenait qu'il avait une fois reçu un bon de 12,000 francs, mais à la condition de placer cet argent au compte de Bonaparte, et que son refus de le faire lui occasiona beaucoup de mauvais traitemens de la part de Napoléon, et toutes sortes de persécutions de celle de Bertrand. On finit par lui déclarer qu'à moins qu'il ne se prêtât à la chose, on ne lui permettrait pas de rester à Sainte-Hélène. Finalement, il envoya cette lettre par le 53ᵉ régiment. (*Il y en a beaucoup plus long sur cette querelle.*)

R. Ce paragraphe est inintelligible et plein de *non-sens*. Quoi de plus ridicule que cet ordre de placer 12,000 francs au compte de l'Empereur !

Gourgaud parla de la vente de la vaisselle comme d'une supercherie, parce qu'on avait de l'argent en abondance. Sir Hudson Lowe ayant fait observer que ce pouvait être celui qui avait été fourni par Las Cases, Gourgaud répondit : *Oh, non ! avant cela ils ont eu* 240,000 *francs en or; une grande partie en quadruples d'Espagne.* Il dit, en outre, que c'était le prince Eugène qui avait fait remettre cette somme entre les mains de MM. Andrew Street et Parker. Il parla ensuite des pamphlets qu'on faisait circuler, et du dessein de s'en faire un moyen en France et en Angleterre, chose à laquelle il avait été invité à prêter les mains. Il rapporta que Bonaparte avait dit à Talleyrand que le comte Bertrand était *l'homme le plus faux et le plus dissimulé de la France.*

R. L'Empereur fit briser et vendre la portion de son argenterie qui lui était inutile. Quant aux 240,000 fr. en quadruples, ce n'est pas moi qui en ai parlé au gouverneur. Ce n'était point d'ailleurs la somme qui existait à Longwood. Les quadruples provenaient de la négociation d'une lettre de change, à notre arrivée à Rochefort, au moment où l'Empereur comptait se rendre en Amérique. Ils ne furent donc point envoyés à Sainte-Hélène par le prince Eugène, ils y furent apportés par nous.

La maison Andrew Street et Parker n'avait pas de fonds au prince Eugène. Notre crédit sur elle consistait dans les 4,000 louis de M. de Las Cases. C'est par les mains de sir Hudson Lowe lui-même, qu'ont passé tous les mandats tirés pour Longwood, depuis 1816, sur cette maison. Il n'ignorait donc pas, et par conséquent, n'avait pas besoin d'apprendre, en 1818, que la maison Andrew Street et Parker avait eu des relations d'intérêt avec Longwood.

Le reste du paragraphe, et les trois suivans, ne sont susceptibles d'aucune réponse.

Dans une certaine occasion, Bonaparte avait dit que Las Cases avait plus de talent que Talleyrand; une autre fois, que c'était *plutôt un homme médiocre.*

Gourgaud communiqua également au baron Sturmer la circonstance des 240,000 francs.

Napoléon fit part au général Gourgaud de l'idée de se détruire, et Bertrand appuya la chose. Le plan était de se renfermer tous avec du charbon allumé, genre de mort doux et qui avait été recommandé par Berthollet le chimiste.

Gourgaud a dit que le général Wilson devait être l'éditeur du pamphlet de Santini.

Piontowsky était soupçonné par Gourgaud d'être espion de Fouché.

R. Je n'ai pas dit que sir Wilson dût être l'éditeur de ce pamphlet. Tout le monde à Londres en connait le véritable auteur.

Piontowski est un brave officier, qui a toujours montré un grand zèle et beaucoup de dévouement pour l'Empereur. A son retour en Europe, il a été tenu long-temps en prison.

Le livre de M. Ellis sur Sainte-Hélène frustra considérablement l'espérance de Napoléon, qui attendait beaucoup de sa conversation avec lord Amherst. Gourgaud ajouta que plusieurs pamphlets devaient paraître; que sir Hudson Lowe ne devait pas considérer les injures dirigées contre lui comme lancées avec l'intention de l'outrager personnellement, *mais par politique;* que Napoléon comptait obtenir quelque chose *à force de plaintes.*

Les ouvrages que Napoléon pensait lui avoir fait le plus de mal étaient l'*Itinéraire de Paris à l'île d'Elbe*, par Truchess, et l'*Ambassade à Varsovie*, par de Pradt.

Mélange qu'offrait son caractère. Quelquefois il parlait comme une divinité, quelquefois dans un style très-inférieur.

Ces assertions sont transmises à lord Bathurst par sir Hudson Lowe, qui semble avoir conçu une opinion très-favorable de la franchise du général Gourgaud. Elles parurent réclamer un redoublement de vigilance, et de-là les réglemens du 9 octobre 1826.

R. Ceci prouve évidemment la mauvaise foi de sir Walter Scott. C'est du 9 octobre 1816 (*V.* App. nº VI.) que datent les mesures oppressives prises contre Napoléon ; et c'est en 1818 que j'ai eu pour la première fois l'occasion de parler avec sir Hudson Lowe !

Ainsi tombe toute la justification du ministère anglais, imaginée par un romancier trop habitué à compter sur la facile crédulité de ses lecteurs.

Rapport adressé à S. A. M. le prince de Metternich par le baron Sturmer, le 14 mai 1818, concernant les communications à lui faites par le général Gourgaud. On y trouve les particularités suivantes :

1°. Bonaparte regretta beaucoup la mort de la princesse Charlotte qu'il regardait comme ayant pour lui une admiration presque fanatique.

2°. Il était persuadé qu'il ne resterait pas à Sainte-Hélène, et comptait être rendu à la liberté par l'Opposition anglaise. Il n'avait même pas renoncé entièrement à l'espérance de remonter sur le trône.

3°. Il pensait que la conduite de Louis XVIII était révolutionnaire, et l'exposait au risque de perdre son trône. Il soutenait qu'en bonne prudence, il aurait dû se débarrasser des maréchaux, et priver d'autorité tous ceux qui n'étaient pas de son parti.

4°. Il blâmait Marie-Louise pour avoir quitté Paris en 1814, disant qu'il aurait dû placer auprès d'elle madame de Beauvau, au lieu de madame de Montebello, et que s'il n'avait pas épousé une princesse autrichienne, ou s'il eût épousé une princesse russe, il serait encore à Paris.

5°. Il disait, au sujet de la tentative du colonel Latapie pour l'enlever, que la chose pouvait être vraie, mais qu'il connaissait cette classe d'hommes qui n'étaient que des aventuriers, et qu'il ne se fierait pas à eux.

6°. Interrogé s'il espérait s'évader, a répondu qu'il en avait eu dix occasions, et même, ajouta-t-il, il en a une au moment où je parle. Il aurait pu être emporté dans un coffre avec du linge sale, et les soldats anglais sont si stupides que, bien qu'ils l'arrêteraient s'il se présentait en uniforme, ils le laisseraient passer sous le déguisement d'un domestique portant un plat à la main. Quand on lui représenta l'impossibilité d'une évasion : « Non pas, répliqua Gourgaud, quand un homme a des millions à sa disposition. *Je le répète, il peut s'évader seul et aller en Amérique quand il le voudra.* » Demande : « Pourquoi reste-t-il ? » Réponse : « Nous lui avons tous conseillé de s'en aller; mais il préfère rester. Il est fier en secret de l'importance attachée à la garde de sa personne, et de l'intérêt qu'on prend généralement à son sort. Il a dit bien des fois : *Je ne puis plus vivre en particulier. J'aime mieux être prisonnier ici que libre aux Etats-Unis.*

R. L'Empereur aurait reçu volontiers les commissaires, mais seulement comme simples particuliers. Dès leur arrivée, il nous prescrivit, à mes compagnons et à moi, de les aborder dans nos promenades. On sent, et je n'ai pas besoin de le dire, le prix qu'il devait attacher à établir entre eux et nous des relations. Bientôt le gouverneur prit ombrage de ces rencontres, et il obligea les commissaires à lui faire le rapport de ce qui pouvait leur être dit. Quant à nous, nos conversations, dont le plan était indiqué d'avance par l'Empereur, se renfermaient toujours dans les limites convenues, quoique le caractère personnel des commissaires eût suffi pour ôter l'idée qu'ils pussent servir d'instrumens à la police anglaise. J'ai lieu de croire que tous les rapports de M. de Sturmer ou de M. de Balmain, ne se trouvent pas dans les cartons du *foreign-office.*

Que l'Empereur ait regretté la princesse Charlotte;

Qu'il ait conservé l'espérance de remonter sur le trône;

Qu'il ait trouvé que la conduite de Louis XVIII était révolutionnaire et impolitique;

Qu'il ait blâmé Marie-Louise d'avoir quitté Paris;

Qu'il ait regretté d'avoir placé auprès d'elle une personne au lieu d'une autre[1];

Tout cela, lors même que je l'aurais dit, ne peut être l'objet d'aucun reproche.

Quant à l'évasion dans un coffre avec du linge sale, ou sous le déguisement d'un domestique portant un plat à la main, on s'étonne de trouver de semblables absurdités dans un rapport officiel. Ne semblerait-il pas que l'île de Sainte-Hélène est située à une portée de fusil de l'Amérique, et qu'il suffisait de sortir des barrières de Longwood pour quelques pas plus loin recouvrer la liberté;

[1] Voyez à ce sujet, tome 1er page 387, du Mémorial de Sainte-Hélène; le manuscrit était alors entre les mains de sir Hudson Lowe.

ou que Longwood était une prison de ville dont il suffisait de franchir le seuil pour redevenir libre? Comment
M. de Sturmer a-t-il pu rapporter sérieusement de semblables moyens d'évasion? Comment n'a-t-il pas craint
d'apprêter à rire aux dépens de sa crédulité? Était-ce donc
avec ce pitoyable coffre à linge sale, que l'illustre prisonnier aurait pu franchir l'Atlantique? Mais c'est attacher
trop d'importance à de pareilles niaiseries.

7°. Écrit-il son histoire? — Il écrit des fragmens épars qu'il
ne finira jamais; quand on lui demande s'il ne mettra pas
l'histoire en possession de la vérité des faits, il répond : « Il
vaut mieux laisser quelque chose à deviner que d'en trop
dire. » Il semblerait aussi que, ne considérant pas ses desti-
nées extraordinaires comme entièrement accomplies, il ne veut
pas développer des plans qui n'ont pas été exécutés, et qu'il
pourrait reprendre un jour avec plus de succès.

8°. Qui de vous a écrit la fameuse lettre de Montholon?
— L'Empereur lui-même en a dicté la plus grande partie. Il
paraîtra d'autres lettres prétendues écrites par des capitaines
de vaisseaux marchands. Vous ne croiriez guère que l'ouvrage de
Santini a été écrit par lui (Napoléon). Je suppose que, pour
le guérir de cette manie d'écrire, il aurait fallu que Bassano
ou Berrizo eussent été avec lui, plutôt que Bertrand ou Montholon.

9°. Comment se conduit-il dans son intérieur? — Il est extrêmement bon envers ses domestiques, cherchant à encou-
rager chacun d'eux, leur faisant un mérite des talens qu'ils
possèdent en réalité, et en attribuant à ceux qui n'en ont pas.

10°. Vis-à-vis des personnes de sa suite, Napoléon conser-
vait les manières de la royauté; il jouait aux échecs quelquefois cinq heures durant, sans permettre à personne de s'asseoir.

11°. Madame de Montholon lui plaisait parce qu'elle jouait
la femme savante; elle connaissait bien l'histoire de France,
et ne cessait de lui répéter qu'on devrait guillotiner tous les
jours quatre-vingts Parisiens pour l'avoir trahi, et que la France
méritait d'être cent fois plus malheureuse qu'elle ne l'était à
présent, etc.

R. Ces absurdités sur Santini, sur la manie d'écrire
de l'Empereur, sur les discours de madame de Montholon, ne valent pas la peine d'être réfutées. Je les aurais
passées sous silence, si je ne croyais devoir déclarer que

l'écrit de Santini, rempli de détails misérables, n'est point de Napoléon.

Rapport du comte Balmain au major Gorriquer, le 26 mars 1818.

Gourgaud a dit à Balmain qu'il avait envoyé un cartel à Czernicheff, quand les alliés étaient à Paris en 1814, et aussi qu'il avait provoqué Montholon à Sainte-Hélène, parce que celui-ci siégeait plus près que lui de Napoléon. On exprime une très-médiocre opinion de la véracité de Gourgaud; mais on convient qu'il avait des talens comme officier d'artillerie.

Bertrand a fait à des officiers anglais des rapports contre Gourgaud, disant qu'il insistait pour avoir autant de bougies que lui, qui avait une femme et des enfans avec lui, et que Gourgaud ne rendait aucune portion des provisions qui lui étaient allouées.

R. Je ne conçois pas comment sir Walter Scott a pu considérer ce rapport de M. le comte de Balmain, comme une pièce à ma charge. Qu'y a-t-il de commun entre les provocations vraies ou fausses qu'on m'attribue, et les imputations mensongères que le romancier s'est permises contre moi ?

Ce rapport ne prouve qu'une seule chose, c'est que les commissaires, ainsi que je l'ai déjà dit, obligés de rendre des comptes à sir Hudson Lowe, se jouaient de lui et ne l'entretenaient que de futilités. Sir Hudson Lowe n'aura pas manqué sans doute de les consigner dans ses dépêches, et de-là cette concordance dont sir Walter Scott a cherché à s'appuyer.

Mention d'une conversation entre Gourgaud et Napoléon, appuyée, je suppose, quoique ce ne soit pas explicitement rapporté, sur l'autorité de Gourgaud.

On prétend que, dans une dispute avec Gourgaud, Napoléon lui dit : « Après tout, vous seriez content de rentrer à mon service, si je débarquais de nouveau en France. — Non, répondit Gourgaud, si la France était affligée d'un malheur tel que votre retour, on me trouverait dans les rangs opposés,

2*

combattant jusqu'au dernier soupir pour empêcher le rétablissement de votre pouvoir. » Ceci est mentionné, d'une manière incidente, après que le général Gourgaud eut quitté
l'Angleterre.

R. Sir Walter Scott ne dit pas dans quelles pièces
officielles il a fait l'heureuse découverte de cette prétendue conversation. C'est vraiment un document d'une
bien grande importance pour l'histoire !

Nº II.

*Lettre de M. Goulburn, sous-secrétaire d'État au dé-
partement des colonies, au comte Bathurst, principal
secrétaire de ce département. (Copie littérale.)*

Downing-Street, le 10 mai 1818.

Milord, conformément à vos ordres, j'ai eu plusieurs conversations avec le général Gourgaud, dans le but de nous
assurer s'il était disposé à fournir quelques nouveaux détails
sur les divers points mentionnés dans les dépêches les plus
récentes de sir Hudson Lowe.

R. J'étais encore considéré comme prisonnier à bord
du vaisseau qui m'a ramené en Europe, et les ordres étaient
si précis à mon égard, que, quoique parfaitement traité
par le capitaine, M. Larkins, je ne pus obtenir de descendre avec lui à l'île inhabitée de l'Ascension. A l'entrée de la Tamise, le capitaine demanda les ordres du
ministère, et il me fut prescrit de me rendre chez lord
Bathurst. Je n'ai point vu ce lord; je n'ai vu que M. Goulburn le lendemain de mon arrivée à Londres, c'est-à-
dire le 9 mai. Son rapport étant, selon lui, le résultat
de *plusieurs conversations*, il y a au moins erreur dans
sa date.

Les renseignemens que j'ai reçus de lui, d'une manière
extrêmement détaillée, présentent en substance ce qui suit:
Le général Gourgaud n'a fait aucune difficulté de nous avouer
qu'il a toujours existé une communication libre et facile entre
les habitans de Longwood et ce pays, et qu'on en a fait usage,

non-seulement pour recevoir et transmettre des lettres, mais encore pour se procurer des pamphlets, de l'argent et d'autres objets, dont on pouvait, de temps à autre, avoir besoin à Longwood; que la correspondance a eu lieu, pour la plus grande partie, directement avec la Grande-Bretagne, et que les personnes employées à l'entretenir sont ces Anglais qui, de temps en temps, visitent Sainte-Hélène, auprès de tous lesquels les personnes de la suite ou les domestiques de Bonaparte ont un libre accès, et qui, généralement parlant, sont disposés, beaucoup d'entre eux sans exiger aucune rémunération, et d'autres pour une très-petite récompense pécuniaire, à faire passer en Europe toute lettre ou paquet confié à leur charge. Il paraîtrait aussi que les capitaines et autres individus à bord des vaisseaux marchands qui touchent à l'île (qu'ils appartiennent à la Compagnie des Indes orientales ou à d'autres personnes), sont considérés à Longwood comme étant particulièrement accessibles à la séduction qu'exercent les talens du général Bonaparte, et à tel point en effet que les habitans de Longwood ont regardé comme une chose très-peu difficile de procurer le passage à bord d'un de ces vaisseaux au général Bonaparte, si, à une époque quelconque, il avait en vue de s'évader.

R. L'analyse de notre conversation est d'une complète infidélité.

Deux ans avant mon départ de Longwood, le gouverneur avait pris les mesures les plus rigoureuses pour nous ôter toute communication, soit avec les Anglais venant de l'Inde, soit avec les habitans. Pour s'en convaincre, il ne faut que lire les *restrictions* du 9 octobre 1816 (*V.* App. n° VI). Le gouverneur y ajoutait encore suivant ses craintes et ses soupçons, si bien que l'on peut dire que nous étions véritablement au secret. Comment donc M. Goulburn peut-il écrire que je lui ai dit, en 1818, que rien n'était plus facile que nos communications avec le continent par les passagers et les habitans? Il savait mieux que personne, que toutes les mesures humainement et inhumainement possibles pour prévenir toute relation, étaient en vigueur depuis deux années.

Si je lui eusse tenu un pareil langage, il se fût bientôt aperçu que je me moquais de lui; ou, s'il y eût ajouté foi, la conséquence n'aurait pu être que de faire suppri-

mer des restrictions qui révoltaient tous les Anglais, qui
forçaient l'Empereur à rester chez lui, qui détruisaient
sa santé, devaient amener sa mort, et qui, en définitive,
ne pouvaient en rien assurer sa captivité.

Les vrais moyens de communication que nous avions,
sont comme les possibilités d'évasion ; le gouvernement
anglais n'en a pas même encore aujourd'hui la moindre
connaissance.

Le général Gourgaud a déclaré avoir eu personnellement
connaissance que le général Bonaparte avait reçu une somme
considérable en argent d'Espagne (10,000 liv. sterl.) dans le
temps même où il vendit sa vaisselle ; mais étant pressé par
moi concernant les personnes qui avaient pris part à cette
affaire, il se contenta de m'assurer que le mode de trans-
mission de l'argent avait été purement accidentel, et que,
la chose étant ainsi, il espérait que je n'insisterais pas
sur une révélation qui ne pourrait avoir aucun effet, ni
pour ce qui regardait la punition des personnes impliquées
dans l'affaire, ni pour empêcher que pareille chose n'arrivât
à l'avenir. D'un autre côté, dans sa manière d'envisager ce
sujet, la possession effective de fortes sommes d'argent ne
pouvait ajouter aux moyens de corrompre la fidélité de ceux
qu'on jugerait à propos de séduire, puisqu'il était bien connu
que toute lettre de change, quel qu'en fût le montant, tirée
par le général Bonaparte sur le prince Eugène, ou certains
autres membres de sa famille, serait scrupuleusement acquittée.

R. Ce n'est pas moi non plus qui ai appris à M. Goulburn qu'une somme de 240,000 fr. avait été reçue à
Sainte-Hélène. Cet agent ministériel m'a fait beaucoup
de questions pour savoir comment elle y était parvenue.
Malgré les plus pressantes sollicitations et la menace de
me renvoyer d'Angleterre, il ne put obtenir de moi
d'autre réponse, si non que cet argent était arrivé à
Longwood par un moyen qui ne pourrait plus se représenter. En parlant ainsi, je ne compromettais personne et ne manquais pas à la vérité, puisque MM. Bertrand, Montholon, Las Cases et moi avions été les
porteurs de ces fonds depuis Plymouth, et les avions
introduits avec nous dans Longwood.

Il m'assura, toutefois, en réponse à mes questions, que ni M. Balcombe, ni M. O'Meara, n'eurent la moindre part à l'affaire mentionnée plus haut, et que le premier, quoique s'étant montré depuis peu très-mécontent de son emploi, n'avait jamais, dans aucune affaire d'argent, trahi la confiance qu'on avait mise en lui. Il refusa, au reste, très-positivement de me donner la même assurance relativement à la part qu'auraient pu prendre l'un et l'autre aux actes tendant à favoriser une correspondance clandestine.

Sur le sujet de l'évasion du général Bonaparte, il me dit en confidence que, bien que Longwood fût, par sa situation, dans le cas d'être bien gardé par des sentinelles, il était certain qu'on n'éprouverait en aucun temps de difficulté à éluder la vigilance des factionnaires placés autour de la maison et de ses dépendances; et, en un mot, qu'une évasion de l'île ne lui paraissait nullement impraticable. Il avoua que ce sujet avait été discuté à Longwood, et que les personnes de l'établissement avaient été invitées à présenter séparément leurs plans pour l'exécution de la chose; mais il exprima sa croyance que le général Bonaparte était si fortement pénétré de l'idée qu'il lui serait permis de quitter Sainte-Hélène, soit par suite d'un changement de ministère en Angleterre, soit parce que les Anglais ne voudraient pas supporter les frais de sa détention, qu'il ne se déciderait certainement pas à présent à courir les hasards auxquels une tentative d'évasion pourrait l'exposer. Il paraît néanmoins, d'après la déclaration du général Gourgaud, et d'autres circonstances mentionnées par lui, que le général Bonaparte a toujours envisagé l'époque où les armées alliées quitteraient la France, comme étant la plus favorable à son retour, et que la probabilité de cette évacuation, et les conséquences qui s'ensuivraient furent employées par lui comme un argument pour dissuader le général Gourgaud de le quitter avant cette époque.

R. Je ne sais ce que M. Goulburn entend par ces mots *en confidence.*

J'ai toujours dit que les *restrictions* ne servaient qu'à tourmenter l'Empereur et altérer sa santé; que fussent-elles même dix fois plus rigoureuses, il y aurait encore eu des possibilités de s'évader; que le seul moyen d'en diminuer les chances, était celui que l'Empereur lui-même avait proposé à l'amiral Cockburn (*V.* ma lettre du 28 août).

J'ai ajouté que l'Empereur n'avait jamais exercé son

imagination à créer des projets d'évasion ; qu'il avait
même refusé toutes les propositions de ce genre ; enfin,
qu'il était dans la ferme résolution de ne point sortir
furtivement de Sainte-Hélène.

De pareils discours ne pouvaient tendre qu'à faire
supprimer les *restrictions*.

Au sujet de la santé du général Bonaparte, le général Gourgaud a déclaré qu'on nous en avait beaucoup imposé ; que le
général Bonaparte, pour ce qui regardait son physique, n'était
aucunement changé, et qu'il n'y avait nulle vérité dans ce
qu'on avait dit à ce sujet ; que le docteur O'Meara était certainement dupe de l'influence que le général Bonaparte exerce
toujours sur les personnes avec lesquelles il a de fréquentes relations ; et que, bien que lui, Gourgaud, n'ait personnellement
qu'à se louer de M. O'Meara, la connaissance intime qu'il
avait du général Bonaparte, le mettait à même d'affirmer avec
confiance que sa santé n'était pas du tout plus mauvaise qu'elle
n'avait été antérieurement à son arrivée à Sainte-Hélène.

J'ai l'honneur, etc.

Signé HENRY GOULBURN.

Au comte Bathurst, etc., etc.

R. Je n'ai point dit que la santé de l'Empereur était
bonne ; j'ai seulement assuré qu'il n'avait aucun des
symptômes de la maladie dont son père était mort. J'ai
ajouté que les tourmens qu'on lui faisait éprouver, fini-
raient par détruire sa constitution robuste. (*V.* la lettre
à Marie-Louise, n° VII.)

Dans le cours de ma conversation avec le général Gourgaud, il a été nécessairement question de beaucoup de choses
qui n'avaient que peu ou point de rapport à l'évasion du général Bonaparte, mais qu'il n'est peut-être pas sans intérêt de
détailler.

Il entra volontiers dans de grands détails concernant la bataille de Waterloo et les événemens qui précédèrent cette bataille, ainsi que ceux qui la suivirent. Il était, dit-il, d'autant mieux informé sur ce qui regardait la bataille elle-même,
qu'il avait, pendant sa résidence à Sainte-Hélène, été employé par le général Bonaparte à en écrire sous sa dictée une
relation, et que d'ailleurs il y avait pris part en personne, d'a-
bord en combattant avec un corps nombreux de cavalerie, et

pendant le reste de la journée, comme officier de service auprès du général Bonaparte. Rien, dans son opinion, ne saurait surpasser l'excellence des dispositions prises par Bonaparte pour la conduite de la campagne, ni les succès étonnans qui couronnèrent le commencement de ses opérations; étonnans, parce qu'ils comprenaient tous les avantages sur lesquels les plus confians pouvaient compter, et beaucoup d'autres que le général Bonaparte lui-même n'aurait jamais prévus, tels que la séparation des armées anglaise et prussienne, la surprise de ces armées dans leurs cantonnemens respectifs, leur disposition à recevoir une bataille qu'il comptait qu'ils eussent refusée, et la facilité avec laquelle les Prussiens furent défaits à Ligny. Il ajouta que si Bonaparte eût agi le 18 juin avec son énergie habituelle, ou plutôt s'il n'eût pas agi avec tant de prudence, et gardé en réserve des forces aussi considérables, dans l'attente de l'attaque des Prussiens, forces qui ne furent conséquemment employées contre la position des Anglais que bien avant dans la journée, et lorsque l'armée française avait déjà éprouvé de grandes pertes et des échecs réitérés, le résultat aurait été tout différent. Bonaparte avait été averti la veille par le maréchal Ney que, lorsque les Anglais occupaient une position, on ne les en délogeait pas facilement, et que son avis était de les forcer à manœuvrer et à marcher pendant quelque temps avant d'en venir à une action avec eux; mais l'opinion du général Bonaparte était différente, et d'ailleurs les circonstances ne lui permettaient pas d'ajourner l'engagement avec l'armée anglaise seule.

Après l'action, le général Gourgaud fut un de ceux qui accompagnèrent le général Bonaparte, lorsqu'il quitta le champ de bataille. Les opinions de ces personnes, relativement à la conduite qu'il devait suivre, étaient très-différentes; et ce ne fut qu'après être arrivé à quelques lieues de la capitale, que l'on décida que le général Bonaparte se rendrait à Paris, et qu'en y arrivant, il se présenterait sur-le-champ à la Chambre dans le costume qu'il portait, et essaierait l'effet de sa réapparition subite et de son éloquence pour obtenir l'assistance de cette assemblée. Cependant, lorsqu'il arriva, Bonaparte se trouva tellement fatigué, qu'il déclara qu'il lui était impossible d'exécuter immédiatement la détermination prise; et pendant les quatre heures qui s'écoulèrent avant qu'il fût suffisamment reposé, l'Assemblée avait pris les résolutions qui mirent un terme à son autorité. Le général Gourgaud exprima l'opinion que, sans ce délai, Bonaparte aurait pu conserver son pouvoir plus long-temps. De Paris, le général Bonaparte s'enfuit à Rochefort, d'où, sans un autre

délai de sept jours, il aurait pu aisément s'échapper pour
gagner l'Amérique, deux frégates étant prêtes à mettre à la
voile de ce port, ainsi qu'une corvette, et le départ simul-
tané de ces bâtimens devant probablement assurer sa fuite en
divisant l'attention du seul bâtiment anglais qui se trouvait
alors en station sur ce point. Mais il perdit le temps à Rochefort depuis le 2 jusqu'au 9 juillet, dans l'espoir de venir à
bout de rétablir son autorité en se faisant nommer commandant en chef de l'armée au nom de son fils; et ce ne fut que
lorsque toute espérance à cet égard fut perdue, qu'il consentit
à quitter Rochefort. Alors, la côte était mieux gardée, et
tous les projets d'évasion que l'on avait eus en vue, furent
définitivement abandonnés. Plusieurs bâtimens avaient été disposés pour le recevoir ; mais comme les officiers qui les com-
mandaient exprimaient quelques doutes relativement à la
possibilité de gagner le large avec le vent contraire qui ré-
gnait, il refusa de s'embarquer. On fréta ensuite un bâtiment
américain chargé d'eau-de-vie, et l'on déchargea une partie
de la cargaison. On disposa même des tonneaux pour y cacher
Bonaparte et ceux de sa suite, dans le cas où le navire serait
visité par un vaisseau anglais. Mais quand tout fut préparé,
on abandonna également ce projet, et il adopta la résolution
de se mettre sous la protection de la Grande-Bretagne. Il
paraît clair qu'il avait conçu l'espérance de pouvoir persuader
au gouvernement de Sa Majesté britannique de lui permettre
de résider en Angleterre, puisque le général Gourgaud, qui
était porteur de sa lettre au prince-régent (et qui en a encore
l'original en sa possession) était muni d'instructions particulières
du général Bonaparte, pour lui procurer une maison, et
chargé d'autres détails relatifs à sa résidence en Angleterre.

R. Ces détails sur la bataille de Waterloo offrent une
nouvelle preuve du peu de vérité de la date du rapport.
Évidemment, ils n'ont pu être extraits que de ma Relation imprimée, qui n'a paru que plus de deux mois après.
L'ordre des idées dans cette partie du document est trop
bien établi pour que j'aie pu le mettre dans une impro-
visation, quelque pénétré que je fusse du sujet. Aucune
mémoire d'ailleurs ne pourrait retenir tant de circonstances dans une conversation.

Quant à ce qui regarde l'hospitalité du *Bellérophon*,
je déclare de nouveau qu'en se rendant à bord, l'Empereur Napoléon avait l'intime conviction qu'il serait reçu

comme simple particulier en Angleterre, et les instructions qu'il me donna en m'envoyant au prince-régent en
sont une preuve incontestable. (*V.* App. n° VIII.)

Quant aux Mémoires qu'on dit que le général Bonaparte a
écrits pendant son séjour à Sainte-Hélène, le général Gourgaud m'a appris qu'il n'y en avait encore qu'une très-petite
partie de terminée; que Bonaparte avait beaucoup dicté à
différentes époques; mais qu'il s'occupait plutôt à dicter des
chapitres particuliers à diverses reprises, et avec des variantes
plus ou moins importantes, qu'à avancer l'ouvrage; que les
seules parties complètes sont la campagne d'Égypte et la bataille de Waterloo, une campagne en Italie et une en Russie;
mais qu'il s'est montré dernièrement moins actif dans ce genre
de travail, par la crainte de compromettre des individus avec
lesquels il ne peut s'ôter de l'idée qu'il aura de nouveaux
rapports à une époque peu éloignée.

Entre autres choses incidentes, il rapporta que le *Manuscrit venu de Sainte-Hélène*, qui fut publié ici il y a quelque
temps, était l'ouvrage d'une personne de l'établissement de
Longwood, et non, comme on l'avait supposé, de madame
de Staël ou de M. de Constant; que les anachronismes qui
s'y trouvaient y avaient été mis à dessein, et que ce n'était
pas, à beaucoup près, le seul écrit envoyé de Sainte-Hélène
pour être publié en Angleterre, en fait d'ouvrages détachés,
ou d'articles de journaux.

R. J'étais porteur de notes que l'Empereur m'avait dictées sur le Manuscrit de Sainte-Hélène, et dans lesquelles, non-seulement il le désavoue, mais encore il en
réfute les erreurs. Je les ai fait imprimer. Comment
croire, après cela, à cette assertion de M. Goulburn?

Pour ce qui regarde la manière de vivre du général Bonaparte à Sainte-Hélène, il paraît qu'il exige impérativement
des personnes de sa suite les mêmes respects et la même obéis-
sance qu'ils lui témoignaient lorsqu'il était empereur de France,
et qu'il a constamment l'habitude d'interrompre les discussions
où le nom de général est prononcé, en disant que, dans
Longwood, il est encore et sera toujours empereur. Les prin-
cipaux officiers de sa suite sont toujours en dissidence, et les
querelles entre le général Bertrand et le comte Montholon ont
quelquefois été si loin, que chacun d'eux avait insisté auprès
du général Gourgaud pour qu'il ne fréquentât pas l'autre,

en le menaçant, dans le cas contraire, de rompre toute société avec lui. Le général Gourgaud représente Bonaparte comme beaucoup plus sujet à des accès de colère qu'il ne l'était autrefois, et comme ayant éprouvé un changement considérable dans son moral, quoique sa santé, dans l'opinion du général, ne soit aucunement détériorée : « *Vous le croiriez quelquefois une divinité même. C'est un dieu qui vous parle; mais il y a des occasions où vous le trouverez beaucoup au-dessous de l'ordinaire.* » Tels sont les termes dans lesquels il me transmit son opinion générale du caractère actuel de Bonaparte.

H. G.

R. Qui d'entre nous eût jamais osé se manquer à lui-même en donnant à l'Empereur un titre qui, dans notre bouche, eût été une insulte pour ce prince malheureux?

L'étiquette de Longwood est détaillée tom. V, pag. 41, du *Mémorial de Sainte-Hélène.*

L'Empereur, au surplus, n'avait pas besoin d'exiger cette étiquette; nous l'observions avec d'autant plus de respect, que nous n'étions plus aux Tuileries.

La réponse à toutes ces histoires de grandes querelles entre les compagnons d'exil de Napoléon, se trouve dans l'amitié fraternelle qui nous unit tous.

RÉPONSE

DU

GÉNÉRAL GOURGAUD.

RÉPONSE

ou

GÉNÉRAL GOURGAUD.

Forcé pour la seconde fois de surmonter la juste répugnance que me fait éprouver toute discussion avec sir Walter Scott, je montrerai, en remplissant cette tâche, la modération qu'inspire à un homme d'honneur le sentiment de sa conscience et de l'accomplissement de ses devoirs.

Ma lettre du 28 août dernier (*V.* Appendice n° I) a forcé mon accusateur, je pourrais dire mon ennemi, à quitter le champ des réticences pour arriver à ce qu'il considère comme des preuves positives. C'est ce que je désirais le plus. Sa réponse et ses prétendues preuves ont paru dans les feuilles de Londres, et je viens en livrer moi-même la traduction au public.

Ma tâche pourrait se borner là, car il suffit d'avoir pris connaissance de ces pièces et de mes notes, pour sentir la futilité des communications que le romancier anglais m'accuse d'avoir faites, et la perfidie avec laquelle elles ont été dénaturées dans son ouvrage et présentées sous des titres officiels propres à leur créer une réalité et une importance imaginaires. J'ajouterai cependant quelques observations pour porter une conviction absolue dans tous les esprits.

PREMIÈRE OBSERVATION.

Quel a été le but de l'ouvrage de sir *Walter Scott.*

Lorsque le bruit se répandit que le romancier de l'Angleterre osait se mesurer avec la révolution française et l'homme à jamais célèbre qui l'avait si heureusement terminée, on avait pensé qu'il sentirait que son habitude connue de travestir l'histoire en roman lui imposait plus qu'à tout autre l'obligation de recueillir les témoignages des hommes historiques que la France possède encore, et d'interroger jusqu'aux ruines de cet empire dont il avait à retracer les merveilles et la chute.

L'attente publique a été complètement trompée. Il fut facile de reconnaître, à la première lecture, que cette histoire annoncée avec tant de fracas, n'offrait aucuns nouveaux documens, et que l'auteur, omettant ces recherches consciencieuses déjà faites par lui-même pour des ouvrages d'une moindre importance, avait uniquement puisé dans les journaux anglais du temps et dans quelques Mémoires apocryphes. Tout atteste la précipitation du travail, le mauvais choix des matériaux et la plus impardonnable négligence. Une seule époque a été traitée avec un soin particulier, c'est celle de la trompeuse hospitalité du *Bellérophon* et de la captivité homicide de Sainte-Hélène. Et quand on songe que c'est le gouvernement anglais lui-même qui a ouvert ses archives à l'écrivain, n'a-t-on pas le droit d'en conclure que l'histoire de Napoléon n'a été que le prétexte d'un ouvrage commandé, entrepris et hâtivement publié pour la seule justification de ce double attentat ?

Que l'on remarque la conduite de ces personnages que le monde accuse ! Au moment de la catastrophe, ils répandirent partout le bruit que leur illustre victime succombait à une maladie héréditaire. Des procès-verbaux d'autopsie furent publiés; ils constatèrent une perforation de l'estomac. Pour expliquer ce ravage, on s'efforça d'établir la nécessité pour tous les membres d'une famille de mourir du même mal que leur père ! Mais Napoléon ne s'est jamais plaint de son estomac ; à Sainte-Hélène, il en vantait souvent la bonté, il en parlait encore en 1818, lors de mon départ. En outre, la théorie, si commodément inventée par ceux qui en avaient besoin peut-être, se trouve encore démentie par les faits. Deux sœurs de Napoléon sont mortes, et n'ont point succombé à une maladie de l'estomac ; et les cinq frères et sœur vivans, n'ont jamais éprouvé aucun symptôme de cette affection que l'on a déclarée héréditaire. Ne serait-il pas au moins étrange que, sur les huit membres de la famille, cette maladie paternelle n'eût été transmise qu'au seul Napoléon, à l'homme doué du meilleur tempérament possible, et d'une constitution dont toutes les parties se trouvaient dans un admirable équilibre? Et d'ailleurs les progrès de la médecine n'ont-ils pas fait connaître qu'il en est des maladies *innées* comme des maladies *importées?* Si la politique protége encore en elles des erreurs utiles, la raison n'y voit plus que des préjugés décrépits.

Cette allégation n'étant pas de nature à obtenir le moindre crédit dans l'avenir, il resterait des soupçons plus graves sur les causes de la mort de Napoléon!... Mais quelle violence n'aurait pas dû se faire ce généreux gouvernement des Castlereagh, des Bathurst, pour en venir à de telles extrémités? Jusque-là sa conduite avait été si noble, si loyale! Ce ne sont pas de tels hommes d'État, qu'on accusera d'avoir soudoyé des trahisons, suscité des assassins, fabriqué des machines infernales, et préparé des poisons plus subtils que ceux de Locuste! Sans doute rassurés par leur conscience, ils n'ont pas même pensé à se justifier contre des accusations de cette nature. Mais comme ils ont senti la faiblesse de leurs argumens en faveur de la supposition d'une maladie héréditaire, ils ont compris que le soin de leur renommée exigeait une meilleure justification; de-là cette variante imaginée par sir Walter Scott! Ce n'est plus du cancer paternel qu'est mort Napoléon, c'est de la fureur qu'excitèrent en lui des précautions redoublées où son orgueil ne voyait que des insultes. Le géant, comme l'a dit une femme célèbre, aura été tué à coups d'épingles.

Cependant, même dans cette hypothèse, la responsabilité de sa mort n'en retomberait pas moins sur ses geôliers. Il a donc fallu prouver que ce n'était pas de leur propre mouvement que les ministres anglais avaient été poussés à de telles rigueurs. Leur magnanimité aurait certainement repoussé l'idée de ces odieuses *restrictions*, si le salut de l'État ne fût venu leur en imposer la loi.

Mais le moyen de faire croire qu'à deux mille lieues

3

de l'Europe, et captif dans ce donjon inaccessible auquel l'Atlantique sert de fossé, le héros fût un objet de craintes fondées pour la toute-puissante Angleterre? A-t-on appris qu'il eût essayé de corrompre ses geôliers? S'arma-t-il quelque part des bras pour sa délivrance? Non; mais il lui était possible de s'échapper; c'est un de ses officiers qui nous en fait confidence!... C'est donc cet officier, et non pas nous qu'il faut accuser de la mort du grand homme.

Telle est l'origine de la fable ourdie par le romancier anglais, pour rejeter sur moi les conséquences des atroces mesures ordonnées par les réglemens du 9 octobre 1816, c'est-à-dire deux ans avant l'époque où il m'a fallu avoir, pour la première fois, des relations avec sir Hudson Lowe!

DEUXIÈME OBSERVATION.
Nature des documens.

Les pièces que sir Walter Scott a mises en lumière sont au nombre de deux. L'une, sans date, est présentée par lui comme un extrait fidèle de seize volumes in-quarto de correspondance officielle; l'autre est un rapport authentique adressé par M. Goulburn à son chef direct, le ministre au département des colonies.

Sir Walter Scott, trouvant à ces documens une sorte de concordance, y voit une preuve de véracité. Il me semble qu'un historien impartial n'y aurait vu que la répétition d'un premier renseignement sans aucune authenticité, et ne leur eût donné que l'espèce de crédit qu'on accorde dans tous les pays aux rapports de police.

Un ministre d'État peut se diriger en beaucoup de circonstances sur des indices et des probabilités, parce que le temps est tout en affaires, et que les succès que la politique se propose, ne s'obtiennent point par la considération du juste ou de l'injuste. Mais un historien n'est pas pressé par le temps; il doit, s'il veut écrire avec conscience, entendre une partie après l'autre; son mandat n'est autre que celui d'un juge.

Sir Walter Scott ne s'est pas dissimulé la force de cette objection. Pour l'affaiblir, il avance que les déclarations dont il s'agit ne sont pas signées, mais qu'elles reposent sur ma parole d'honneur. Je déclare n'en avoir donné d'autre que celle qui suit :

« M. le général baron Gourgaud déclare sur sa parole d'honneur, à Son Excellence le lieutenant-général sir Hudson Lowe, gouverneur de Sainte-Hélène, qu'il n'est porteur d'aucuns papiers, pamphlets, ou lettres, de la part des personnes à Longwood, contraires aux réglemens établis pour leur détention et autres que ceux qui ont été visités.

» Sainte-Hélène, ce 11 mars 1818.

» *Signé* le général baron GOURGAUD.

» Pour copie conforme :

» *Signé* sir HUDSON LOWE. »

Cette parole, je n'ai fait aucune difficulté de la donner. Elle est dans les lois militaires, et du genre des conditions dont on fait dépendre la liberté d'un prisonnier.

Supposer que j'eusse fait des confidences dans la vue d'obtenir un passage direct pour l'Europe, est une misérable invention de l'écrivain anglais. Elle n'est fondée que sur son assertion, et je fais une déclaration positivement contraire. J'ai toujours marqué la plus complète indifférence pour le lieu où je serais envoyé, bien convaincu que l'expression d'un désir serait un motif de refus.

Sir Walter Scott s'efforce de faire croire que les extraits qu'il publie, sont le résultat d'*interrogatoires* que j'aurais subis, ou de *communications* que j'aurais faites au gouverneur dès les premiers temps de mon arrivée à Sainte-Hélène ; ce fait est positivement faux ! Je déclare, ainsi que je l'ai déjà fait dans ma lettre du 28 août (*V.* App. n° VIII) que je n'ai eu de relations avec sir Hudson Lowe qu'en 1818, c'est-à-dire pendant le peu de jours où, après avoir quitté Longwood, j'ai été forcé d'attendre le bâtiment qui devait me trans-

3.

porter en Europe. C'est avec une insigne perfidie, que
Walter Scott n'a point mis de date aux extraits des
rapports du gouverneur. Ils sont tous de 1818, et je
défie que l'on prouve le contraire. Ainsi s'anéantit tout
l'échafaudage du roman par lequel il veut justifier la
conduite du ministère britannique. Comment expliquer,
par de prétendues déclarations de 1818, les rigueurs
des réglemens du 9 octobre 1816?

Passons maintenant au rapport de M. Goulburn [1] :
le romancier anglais prétend que, pour détruire l'assertion de cet agent ministériel, il faut quelque chose de
plus que la mienne ; j'ai l'orgueil de croire le contraire.
Cependant, je consens à appuyer le démenti que je lui ai
donné dans mes notes, et que je réitère ici, de considé-
rations d'une autre nature.

La politique anglaise est bien connue : de tout temps
les hommes d'Etat de ce pays ont cru pouvoir tout se
permettre, et l'Empereur qui les jugeait bien, semble
avoir deviné ma position, et avoir pris lui-même ma défense, lorsqu'il a prononcé les paroles que j'ai choisies
pour épigraphe. Le ministère britannique a dû prévoir
qu'il serait un jour en butte à de graves accusations, et
se ménager des moyens de défense ; je ne doute pas qu'il
n'ait en réserve un arsenal d'iniquités et de calomnies,
où il peut puiser au besoin. Sir Walter Scott vante la
véracité de M. Goulburn ; mais on vantait aussi celle de
lord Sidmouth, et de son secrétaire M. Hobhouse ; et
cependant l'un et l'autre ont été publiquement convaincus de mensonge à mon occasion. On se rappelle
que, lorsque je les accusai d'avoir violé secrètement le
porte-feuille qu'ils m'avaient enlevé, ils prétendirent que
ma plainte était *grossièrement dénuée de fondement* (utterly destitute of foundation); cependant le procès-verbal
du magistrat de Hambourg les couvrit de honte en plein

[1] Pour expliquer mes rapports avec ce sous-secrétaire d'État, je dois
répéter qu'ils n'ont point été volontaires. J'étais considéré comme prisonnier à bord du vaisseau ; à mon arrivée en Angleterre, j'ai dû obéir
aux injonctions qui m'étaient faites. Au surplus, mon renvoi de ce pays
et les indignes traitemens que j'ai essuyés, prouvent combien ma position était précaire.

Parlement! (*V.* App. n⁰ˢ XIII et XIV.) M. Goulburn n'est certes pas plus digne de foi que ses collègues.

Sir Walter Scott suppose que je présenterai les paroles qu'on m'attribue comme des contes destinés à donner le change aux ministres anglais. Assurément, si cela eût été utile, personne ne pourrait blâmer le porteur de la lettre célèbre au prince régent, le témoin des événemens du *Bellérophon,* d'avoir répondu par la supercherie et la ruse à des ennemis perfides et déloyaux. Mais je n'ai pas eu même besoin de ce moyen ; l'essentiel pour moi était de leur cacher ce qu'ils désiraient savoir, et c'est ce que j'ai fait.

Mes notes sur les documens spécifient ce que je considère comme controuvé. Quant aux allégations que je n'ai pas réfutées, comme elles sont sans importance, je ne crains pas de les laisser subsister, quoique ma mémoire ne me rappelle pas les paroles que l'on me prête.

TROISIÈME OBSERVATION.

Accusation principale.

Sir Walter Scott m'accuse :

1⁰. D'avoir représenté la santé de l'Empereur comme bonne.

2⁰. D'avoir fait connaître qu'il tenait en réserve une somme de 240,000 francs.

3⁰. D'avoir annoncé que les *restrictions* ne pouvaient empêcher sa suite.

Je vais répondre successivement à ces trois imputations.

I. *Santé.* — A l'époque où j'ai quitté Longwood, la santé de l'Empereur, qui avait dû renoncer à prendre l'exercice du cheval, était altérée. Il avait senti des douleurs dans les hypocondres et un peu d'enflure aux jambes. Mais les fonctions de l'estomac n'éprouvaient aucun embarras, et j'ai vu ce prince dicter impunément plusieurs heures de suite en sortant de table. Il se vantait souvent de la bonté de sa poitrine et de son estomac. A tout prendre, quelque affaibli que fût son physique, il supportait sa situation avec plus d'énergie qu'aucun de nous.

Aussi, lorsqu'au sortir de Longwood j'entendis le cercle de *Plantation-House*, s'entretenir de la santé de ce prince, et de la possibilité qu'il éprouvât les *commencemens d'une maladie fatale à son père*, je me récriai contre une telle supposition! Je représentai sa constitution comme robuste, j'alléguai celle de sa mère, de ses frères, de ses sœurs, et je dis que ses souffrances étaient l'effet unique des contrariétés qu'on lui faisait bien inutilement éprouver.

Revenu en Europe, j'ai, dans les mêmes idées, tenu le même langage. J'ai assuré qu'il était temps de prévenir les effets combinés du chagrin et du climat; qu'il suffisait de réduire les soins de garde de l'illustre prisonnier à ce qui était strictement indispensable, et de bannir surtout des *restrictions*, ce qui était oppressif et insultant. C'est dans cet esprit qu'a été conçue ma lettre à l'impératrice Marie-Louise, dans laquelle, en l'engageant à se rendre au congrès d'Aix-la-Chapelle, je lui disais que *le supplice de l'Empereur pouvait encore durer long-temps, qu'il était temps de le sauver!* (*V.* App. n. VII.)

Quelle que soit la force des expressions que j'ai employées dans cette lettre, mon intime conviction était alors, comme elle est aujourd'hui, que si les indignes traitemens dont on accablait l'Empereur avaient cessé, il aurait pu vivre encore de longues années.

II. *Argent.* — Les premiers soins du gouvernement anglais, lorsqu'il fixa Sainte-Hélène pour la prison de l'Empereur, avaient été de s'emparer de ses ressources pécuniaires. L'ordre donné à cet égard fut exécuté sur le *Bellérophon* par des officiers qui en rougirent eux-mêmes. Ils ne saisirent qu'une cassette contenant 4000 napoléons; mais ils lui laissèrent des bijoux de grande valeur, entre autres le collier de la reine Hortense, estimé plus de 200,000 fr. Grâce à ce sentiment de pudeur des officiers anglais, nous pûmes en outre dérober aux recherches une somme considérable en or que l'Empereur avait répartie entre nous.

Je ne pense pas que l'existence en nos mains de quelques ressources pécuniaires ait véritablement inquiété si

Hudson Lowe ; et lorsqu'on me parla d'une somme de
240,000 fr., somme qui n'était pas la moitié de celle que
nous possédions, je n'attachai aucune importance à
ce fait. Ce que le gouvernement anglais désirait connaître, ce n'était pas le contenu de la cassette de Longwood, mais le trésor d'Europe qu'il supposait immense [1],
et ce n'est que par l'ouverture du testament de l'Empereur que les ministres ont appris et la somme et le nom
du dépositaire.

Je n'ai point dit ni donné à entendre qu'il nous arrivât des fonds à Sainte-Hélène, parce qu'il ne nous en
arrivait pas. Je n'ai point désigné le prince Eugène comme
ayant en dépôt des fonds à l'Empereur, parce qu'en effet
ce prince n'en devait pas avoir. Je n'ai point dit que la
maison Andrew Street et Parker fût créditée par lui pour
nous secourir, parce que cette maison ne tenait à notre
disposition d'autres fonds que ceux appartenant à M. de
Las Cases, 4000 louis ; détail officiellement connu
depuis 1816, de sir Hudson Lowe, qui nous remettait
au fur et à mesure des traites sur cette maison.

Je répéterai que les fameux quadruples que l'on suppose avoir été envoyés à Longwood par le prince Eugène,
au moyen de la maison ci-dessus désignée, étaient le résultat de la négociation à Rochefort d'une lettre de
change, lorsque l'Empereur y arriva comptant se rendre
en Amérique ; que ces quadruples furent partagés alors
entre MM. Bertrand, Montholon, Rovigo, Lallemant,
Las Cases et moi, afin de les conserver plus facilement.
Je dirai encore qu'un assez grand nombre de ces pièces
de monnaie furent mises par nous en circulation lors de
notre arrivée à Sainte-Hélène. Il est donc évident que sir
Hudson Lowe s'est complètement trompé, lorsqu'il a écrit
ce qu'il avance à ce sujet.

III. *Évasion* — J'ai déjà fait connaître dans ma première lettre (*V.* App. n° I) pourquoi l'Empereur
ne voulait pas quitter furtivement Sainte-Hélène. Il
voyait son infortune occuper toute l'Europe ; il croyait

---

[1] Lord Bathurst, dans son discours au Parlement en 1817, parla des
trésors de Napoléon. (*V.* App. n° XV, ce que ce prince dicta en réponse.)

que sa générosité, au temps des victoires, vivait chez
quelques souverains ; il calculait comme probable la chute
du ministère anglais à qui seul il attribuait son sort ; il
fixait même pour son retour une époque que l'instinct de
ses ennemis a su deviner et prévenir. Il n'est pas de
mon sujet d'examiner si lui donner la mort était ou non
une mesure politique, bien avantageuse pour l'Angleterre,
si M. Canning ou ses successeurs auraient répondu à l'attente de l'illustre prisonnier. Il me suffit d'établir ce que
j'ai toujours dit, qu'il ne voulait pas s'évader. Cela résulte évidemment du défaut de toute espèce de tentative
de ce genre pendant cinq ans.

Les moyens étaient cependant nombreux. Suppose-
t-on que dans cette chaîne de gardiens qui entouraient
Longwood, et qui naviguaient autour de l'île, il n'y en
eût pas un seul touché du malheur, ou accessible à la
corruption? Ce qu'un illustre officier-général anglais [1] avait
exécuté avec autant d'adresse que d'audace pour sauver
la vie d'un serviteur de Napoléon, croit-on que d'autres
ne pouvaient le tenter pour ce prince lui-même? Man-
que-t-il d'imaginations chevaleresques, de cœurs nobles,
dans ce grand pays? Bien des projets nous furent com-
muniqués ; certainement ils n'étaient pas tous chimé-
riques, et il est assez singulier que les rapports de Sainte-
Hélène ne fassent honneur à mon imagination, que du
plan ridicule d'emporter Napoléon dans du linge sale.

Tout ce que l'on me prête sur ce sujet, n'a plus besoin,
je crois, d'être contredit. J'ajouterai seulement ce rai-
sonnement : lors même que j'aurais dit que les *restric-*
tions étaient vaines, si elles n'avaient d'autre but que
d'assurer la captivité, qu'il existerait toujours des moyens
de s'échapper, y eût-il encore dix fois, cent fois plus
d'obstacles, je n'aurais fait que répéter ce qu'avait écrit
l'Empereur lui-même dans ses réponses à lord Bathurst.
Ce prince s'exprime ainsi : « Des prisonniers enfermés
» dans des tours, enchaînés et menottés, ont trouvé
» moyen de s'échapper. Dans quelque situation que des
» hommes vivans soient placés, ils ont toujours certaines

[1] Sir Robert Wilson.

» chances, plus ou moins nombreuses, de recouvrer
» leur liberté. Cherchez-vous un lieu dans lequel vous
» puissiez enfermer un homme sans qu'il ait aucune
» chance de s'échapper, sans qu'il en ait une sur mille?
» vous ne trouverez qu'un cercueil! » (*Voy.* Pièces sur
le captif de Sainte-Hélène, tome 1ᵉʳ, page 65.)

RÉSUMÉ.

Toutes les prétendues *informations, communications*
que me reproche sir Walter Scott, se réduisent à
des conversations sans importance comme sans effet.
Et quand on songe combien il est difficile de re-
produire avec fidélité les paroles d'un entretien dans
une langue étrangère, quand on songe également
à l'intérêt que le gouvernement anglais pouvait avoir
alors à se préparer, ou depuis à se créer des moyens
de revêtir de quelque apparence de nécessité les atroces
persécutions dont Napoléon fut l'objet, on s'étonnera
sans doute que la correspondance citée par sir Walter Scott, et extraite de seize volumes in-quarto de
lettres, se soit bornée à répéter des allégations tellement puériles pour la plupart, que je pourrais les avouer
aujourd'hui, sans crainte d'être accusé d'avoir manqué à
aucun sentiment, à aucun devoir.

Je répéterai que les agens ministériels anglais ont agi
dans le sens que leur imposait le besoin de légitimer les
attentats de Sainte-Hélène, et que, si leurs imputations
ne se trouvaient pas réfutées par les pièces elles-mêmes,
dans lesquelles elles sont consignées, elles le seraient
aux yeux de tous les honnêtes gens par la conduite que
j'ai suivie avant et après mes prétendues *communications*,
par les traitemens indignes qu'elle m'a attirés (*V.*
App. nᵒ XI), et surtout par le silence qu'ont gardé
à leur égard les ministres, à une époque où elles leur
eussent été d'un grand secours, je veux dire en 1819,
lors de la vive discussion que fit naître dans le Parlement la pétition que je lui avais adressée contre eux.

Que ce soit par esprit de parti, par intérêt personnel
ou par pudeur nationale, que sir Walter Scott ait en-

brassé la défense des bourreaux de Napoléon, c'est ce que je laisse à examiner aux personnes qui se soucient de la considération privée de cet écrivain.

S'il faut l'en croire sur parole, il serait faux qu'il eût reçu des *encouragemens* ministériels, soit pour l'ignominieux libelle de 1815, où il calomnie une grande nation, soit pour l'injurieux roman de 1827, où il insulte aux mânes d'un grand homme. On voit tous les jours de jeunes imaginations se charger étourdiment de plaider une mauvaise cause; mais lorsqu'à l'époque de l'expérience et de la circonspection un écrivain emploie son talent à outrager le malheur, lorsqu'il consent à se faire le défenseur de crimes avérés, c'est à tort qu'il se flatterait de persuader qu'il a travaillé pour la gloire.

Ce véridique historien prétend ne m'avoir pas choisi, mais trouvé fortuitement sur son chemin. Il était, dit-il, tout disposé à me communiquer ses autorités en particulier, si j'en avais fait la demande conformément aux règles de la politesse. Est-ce que le coup qu'il me destinait n'était pas porté? C'était, avant de publier son livre, qu'il devait, historien consciencieux, m'interroger sur les pièces qui lui paraissaient accusatrices. La feinte et tardive condescendance qu'il annonce, n'est dans le fait qu'une lâche dérision. Qu'importe à l'homme qui vient d'être frappé par derrière, qu'on lui montre le poignard dont il a senti la dangereuse atteinte?

Mon accusateur prétend que c'est sur moi que doit peser l'*onus probandi*, c'est-à-dire que c'est à moi de prouver. Je ne suis pas légiste, mais je sais que tous les codes des nations et la raison universelle qui a précédé toutes les lois, ont établi en principe qu'on ne peut pas prouver un *fait négatif*. C'est à l'accusation à prouver ce qu'elle avance, sans quoi il n'y aurait de sécurité pour personne. Si tous les reproches qu'on me fait pouvaient donner lieu à une réfutation aussi positive que celle qui résulte du rapprochement des dates pour repousser loin de moi l'odieux d'avoir contribué, en 1818, au réglement de 1816, et celle qui résulte également de l'inspection des registres du ministère de la guerre contre mon prétendu titre d'aide-de-camp du duc de Berry, je m'estimerais trop heureux. Mais lorsqu'on m'accuse d'avoir prononcé des paroles que je n'ai point dites, il ne m'est pas possible de repousser de pareilles accusations par des faits matériels; je ne puis opposer que le démenti le plus formel : c'est ce que je fais ici de toute l'autorité de ma conscience. J'espère qu'entre des écrivains ou des agens machiavéliques et un militaire dont la vie entière parle assez haut en sa faveur, les hommes impartiaux de tous les pays n'hésiteront pas un instant.

Ce démenti sera mon dernier mot. Je n'ai ni la volonté ni la prétention de lutter d'adresse avec sir Walter Scott. Il peut à son gré varier son accusation, moi je ne puis varier mes réponses, parce que la vérité n'a qu'un langage. Libre à lui de puiser de nouveau dans les 16 volumes in-4° qui lui ont été donnés à exploiter, et de se considérer comme disculpé aux yeux de l'histoire et des contemporains, pour avoir cité comme de graves *autorités authentiques*, des phrases tronquées, des bavardages, des absurdités, des mystifications. Je ne parviendrai pas à lui faire avouer qu'il faut quelque chose de plus que tout cela, pour être autorisé à noircir en moi un serviteur dévoué du grand homme qui a connu toutes mes actions, toutes mes pensées, et qui a versé sur moi ses bienfaits trois ans après les indiscrétions prétendues, à l'aide desquelles on a voulu empoisonner ma conduite.

Libre à l'auteur des *Lettres de Paul* de mépriser mon ressentiment; mais il n'en restera pas moins flétri dans l'opinion de tous les gens de bien, qui ne lui pardonneront pas d'avoir avili son talent en se faisant le détracteur d'une nation généreuse, l'apologiste éhonté des atrocités de Sainte-Hélène, et le calomniateur volontaire d'un dévouement et d'une fidélité irréprochables.

APPENDICE.

━━◆━━

N° I.

Lettre du général Gourgaud au sujet des imputations calomnieuses de sir Walter Scott.

Je voyageais dans le midi de la France, lorsqu'un avis des imputations odieuses dirigées contre moi par Walter Scott dans son dernier roman de la *Vie de Napoléon Bonaparte*, m'a ramené précipitamment à Paris. J'ai lu avec indignation les pages dans lesquelles on cherche à flétrir mon caractère! Si j'y réponds, c'est qu'il ne suffit pas toujours d'opposer à la calomnie le silence du mépris.

Choisi, je ne sais pourquoi, pour principale victime d'une infernale combinaison, la lecture des chapitres relatifs à la captivité de l'empereur Napoléon à Sainte-Hélène, m'a dévoilé le but de l'auteur et le plan qui lui a été tracé. Le cri général qui s'est élevé en Europe sur le traitement atroce exercé par les ordres du ministère anglais envers le plus honorable et le plus grand de ses ennemis, lui a fait sentir le besoin de chercher à secouer l'opprobre qui s'est attaché à ses actes.

L'auteur des *Lettres de Paul* a été chargé de prouver au monde que toutes les rigueurs déployées contre l'illustre prisonnier, trouvent une excuse dans la nécessité de prévenir son évasion.

Ces projets d'évasion et leurs ridicules moyens d'exécution racontés si complaisamment par l'écrivain apologiste du ministère anglais, sont une fiction. Jamais l'empereur Napoléon n'a eu l'intention de s'évader de Sainte-Hélène. S'il l'avait eue vraiment cette intention, sa conduite eût été toute différente. Il aurait cherché à s'attacher sir Hudson Lowe, non par des promesses d'honneurs ou d'argent, mais par la séduction de ses manières, par le charme de ses entretiens, par l'empire irrésistible dont est doué le génie. L'intérêt que le héros prisonnier eût inspiré à son gardien, aurait fait naître la confiance, affaibli la sévérité des précautions, multiplié les moyens d'évasion; l'or, l'audace et la fortune eussent fait le reste.

Le désir de sortir furtivement de Sainte-Hélène agitait si
peu Napoléon, qu'il n'exerça même jamais son imagination à
créer des projets d'évasion. Entièrement préoccupé de l'idée
que la force des choses le ramènerait avec le temps sur la scène
du monde, il s'occupait d'en calculer la probabilité, sans
prévoir que la mort, et quelle mort! dût si tôt en prévenir la
réalisation.

Napoléon, pour prouver sa résignation à se soustraire aux
humiliations, aux tracasseries d'une surveillance inquiète et
tyrannique, avait indiqué lui-même à l'amiral sir Georges
Cockburn, le moyen le plus sûr de dissiper les craintes que
sa fuite pouvait inspirer. Il consistait à ne laisser partir aucun
bâtiment sans que la présence de l'illustre captif sur un point
quelconque de l'île, ne fût constatée.

La ferme volonté de l'Empereur ainsi démontrée, je re-
viens aux infâmes inculpations de l'auteur anglais. Il me présente, non avec le langage précis d'un écrivain loyal et consciencieux, mais avec les réticences et les insinuations d'un
habile calomniateur, comme l'homme qui aurait mis le gouvernement anglais sur la trace des moyens nombreux qu'avait
le prisonnier de s'échapper, ce qui aurait été la cause indirecte
du système de rigueur déployé contre lui.

Je ne m'abaisserai pas à discuter pour quel intérêt j'aurais
pu payer d'un tel excès d'ingratitude, le grand homme dont
l'affection fait la gloire de ma vie. La meilleure réfutation
d'une aussi odieuse supposition, sera l'exposé de ce qui s'est
passé.

Pendant toute la durée de mon séjour à Longwood, près de
trois années, je n'ai eu avec sir Hudson Lowe aucun rapport
quelconque, soit direct, soit indirect, et il ne m'est pas arrivé
une seule fois de lui adresser la parole. Pendant ces trois années, les mesures de surveillance exercées contre l'Empereur
lui parurent avoir atteint le comble de la cruauté et de l'outrage, surtout en 1816, lors de l'enlèvement de M. le comte
de Las Cases. Il est donc positivement faux que ce soient des
propos indiscrets tenus par moi, qui aient pu donner lieu aux
mesures oppressives établies dès 1816.

Mon départ de Sainte-Hélène ne fut causé ni par le besoin
de revoir ma famille, ni par l'affaiblissement de ma santé.
L'allégation de maladie au foie ne fut de ma part qu'un prétexte. J'avais subordonné à Napoléon malheureux toutes mes
affections, tous mes intérêts; et à Sainte-Hélène ma seule am-
bition était de mourir pour lui; mais n'importe quelle fut la
cause de mon départ, je quittais Longwood le 13 février 1818.

C'est seulement à cette époque et lors des démarches qu'exi-

geait mon embarquement, que le gouverneur et M. de Sturmer parlèrent devant moi de l'Empereur qui, bien qu'à des titres
différens, intéressait là tout le monde, et était le noble sujet
de toutes les conversations. Je ne connais pas la tournure
donnée dans les dépêches de sir Hudson Lowe aux choses
que j'avais à répondre, que j'avais à dire dans ces conversations, mais j'en trouve l'intention indignement travestie dans
les extraits publiés par le romancier anglais. Quoique placé
dans une position aussi délicate que difficile, quoique con-
damné à des ménagemens envers ceux à l'arbitraire desquels je
me trouvais livré, jamais, comme l'insinue Walter Scott, je
n'ai acheté la sécurité de mon retour en Europe par aucune
parole indigne de moi. L'intention bien connue de Napoléon
étant de ne point s'évader, il était naturel que j'émisse fran-
chement mon opinion sur la nullité des précautions excessives
prodiguées autour de l'auguste captif. Mais ni sir Hudson Lowe,
ni qui que ce soit, n'a eu lieu de tirer de mes paroles, les
inductions présentées avec tant de perfidie.

A Londres, je n'ai vu ni lord Bathurst, ni aucun des ministres. J'ai été seulement mandé, et je devais l'être, chez
M. Goulburn, sous-secrétaire-d'État. Il paraît qu'il n'espéra
pas obtenir beaucoup de moi, car il ne me fit appeler en tout
que deux ou trois fois.

Voilà toutes mes *communications* avec le gouvernement anglais.

Bientôt après, ce gouvernement m'appliquant avec une
atroce rigueur l'*alien-bill*, me fit enlever dans mon domicile,
fit saisir mes papiers et me jeta sanglant sur un coin du Continent. (*V.* App. n° XI.) Là, placé comme en interdiction
sociale, tour à tour par les gouvernemens russe, autrichien,
belge, bavarois, danois même, j'ai végété deux ans d'abord à
Hambourg, puis à Francfort, jusqu'à ce que les larmes de
ma vieille mère m'ouvrissent l'entrée de ma patrie. (*V.* App.
n° XVI.)

Maintenant je défie qui que ce soit, de présenter un écrit,
une simple note, une seule ligne de moi, qui ne se trouve
empreinte des sentimens de fidélité, de dévouement, que je
dois au grand homme qui daigna et m'honorer de son estime
et de sa familiarité, et me continuer ses bienfaits au-delà du
tombeau. Que peuvent en présence d'une vie qui lui fut dé-
vouée avec enthousiasme, les misérables insinuations, les perfides réticences d'un étranger, ennemi implacable et insensé
de la France et des Français? A-t-il donc espéré faire absoudre
par la postérité les bourreaux du héros malheureux qui s'était
confié à la foi, à l'honneur britannique? Quel crédit peut

mériter chez les contemporains une justification du ministère
des Castlereagh, des Bathurst, basée sur les rapports de
leurs agens et publiée à dix ans de date? Que peuvent les paroles qu'on m'attribue et que toutes mes actions démentent?
Pourquoi avoir tant attendu pour chercher à s'en faire un
titre, un appui? Pourquoi ne s'en est-on pas servi lorsque les
plaintes que je portai en 1819 au parlement d'Angleterre,
exposèrent les ministres aux rudes attaques que motivèrent
les indignes violences exercées contre moi? C'était cependant
le moment et le moyen d'affaiblir l'intérêt qui s'attachait à
mon malheur.

Mais c'est m'occuper trop long-temps de ces lâches attaques. En moi, est quelque chose qui me dit que de telles
calomnies ne peuvent m'atteindre. Il est des offenses qui ho-
norent. Quelle justice pouvais-je attendre de la plume vénale
et de l'ame haineuse de l'écrivain qui essaie de jeter du ridicule sur la plus haute infortune, qui travestit en caricature le
caractère le plus fortement trempé, et qui, par une barbare
dérision, accuse Napoléon de s'être suicidé en ne résistant pas
aux outrages homicides au milieu desquels s'est éteinte sa
noble vie.

Paris, ce 28 août 1827.

LE GÉNÉRAL GOURGAUD.

Nº II.

Réflexions du Spectateur Militaire *sur la Lettre du général Gourgaud.*

Le *Spectateur,* dont la destination principale est de tirer
de l'oubli les actions et les services méconnus, et de défendre
contre la calomnie et la persécution les hommes qui ont marqué
honorablement dans les rangs de l'armée, a dû s'empresser
d'ouvrir ses colonnes à M. le général Gourgaud, et d'accueillir
sa réponse aux diffamations tentées par sir Walter Scott.

Cette réponse a déjà été spontanément insérée dans la plupart des feuilles périodiques de Londres. Il y a été répliqué par
une seule d'entre elles (*the Standard*), que l'on sait être l'or-
gane du parti ministériel déchu. Les expressions de cette ré-
plique sont telles, que les écrivains qui se respectent rougi-
raient de les traduire littéralement. Aussi, par un sentiment
de pudeur nationale, l'autorité a défendu d'en publier à Paris,
même des extraits.

Trois journaux en France, *la Gazette, la Quotidienne, la
Gazette de Lyon,* avaient devancé *le Standard,* et, quoique

leur opinion s'exprimât avec quelque ménagement, elle ne tendait à rien moins qu'à déclarer la défense du général Gourgaud tout-à-fait insuffisante. Ils se fondaient sur ce que des allégations basées sur des pièces officielles ne peuvent être détruites que par le désaveu des auteurs de ces pièces.

Si cette proposition devait être admise, les tribunaux seraient d'un bien vain recours dans les procès en calomnie; car, quel que pût être le prononcé des juges, il suffirait à un calomniateur investi de fonctions publiques de persister obstinément dans les mensonges qu'il aurait consignés dans un acte, pour que la réputation de sa victime fût entachée sans retour.

Quoi que prétendent les personnes qui mettent à attaquer la réputation du général Gourgaud une importance dont lui-même ne soupçonne pas le motif, le jugement des contemporains et celui de l'avenir, sur ce qui s'est passé à Sainte-Hélène, ne se formera pas d'après les écrits d'une seule des parties; on ne croira pas que ce ministère, réprouvé avec tant d'éclat aujourd'hui par l'immense majorité des Anglais, ait été composé d'hommes sans passions, ni qu'il ait porté le scrupule jusqu'à n'employer que des agens irréprochables. Les faits parlent plus haut que de tardives apologies. Des phrases élégamment cousues ne prouveront pas plus le suicide de Napoléon, que des certificats de médecins n'ont prouvé sa maladie héréditaire.

Pour donner quelque poids aux accusations qu'il porte contre le général Gourgaud, sir Walter Scott aurait dû mettre au jour, *dans leur entier,* les pièces que, selon nous, on ne peut considérer comme officielles d'après ses extraits et son témoignage. Le bon sens du public aurait jugé, après leur lecture, de quel poids peut être contre les personnes associées aux misères de Napoléon, la correspondance de ses geôliers.

C'est, au reste, une jurisprudence bien digne des partisans des idées gothiques, que d'exiger qu'au dix-neuvième siècle l'innocence accusée réponde aux calomnies par des pièces signées de ses persécuteurs; cela nous ramène au bon temps des preuves par le duel. Nous doutons toutefois, s'il fallait ouvrir un champ clos, que ce fussent les agresseurs qui y descendissent cette fois de la meilleure grâce.

Selon notre opinion, le général Gourgaud ne doit désormais rien publier, que les pièces dont on excipe n'aient été mises en lumière. Si alors il se trouvait dans ces documens de ces obscurités que la haine est ingénieuse à interpréter, son devoir sera d'éclaircir d'odieux mystères. Jusque-là il doit craindre d'avoir été choisi pour servir d'amusette à la curiosité du pu-

blié par ces pouvoirs si habiles à le détourner, au moyen de
fables, de l'investigation de la vérité.

Tout-à-fait étrangers à la connaissance des lois de l'Angleterre, nous ignorons s'il y aurait chance de succès pour le général Gourgaud à se transporter devant des juges britanniques.
Nous n'élevons pas par-là de doute sur l'impartialité des tribunaux de ce pays; mais nous savons qu'il est pour les hommes
puissans des moyens d'étendre sans fin l'information d'une
affaire : ce serait sans doute peu pour le général que de con-
sumer dans une telle poursuite la fortune qu'il tient des bontés
de Napoléon; mais qui sait si cette fortune même pourrait y
suffire ?

D'ailleurs, Walter Scott aurait cet échappatoire, de déclarer qu'il ne garantit point l'authenticité des propos prêtés
au général Gourgaud, mais seulement l'authenticité des propos
de Hudson Lowe, ce qui ne laisserait au premier d'autre res-
source que d'aller attaquer l'ex-gouverneur de Sainte-Hélène
dans son nouveau gouvernement de Ceylan.

Toutefois, plusieurs faits matériellement faux sautent aux
yeux dès la première lecture des passages copiés par nos journaux dans l'ouvrage de sir Walter Scott. Ce romancier prête
au général Gourgaud, en 1818, une opinion sur les récits de
Las Cases et d'O'Meara, récits publiés postérieurement à 1820;
il y dit que cet officier a vu lord Bathurst pendant son séjour
en Angleterre, tandis qu'il est avéré qu'ils ne se sont jamais
rencontrés. Il y parle d'une mésintelligence avec le général
Bertrand, mésintelligence qui n'a jamais existé que dans son
livre. Il dit aussi que le général Gourgaud a été aide-de-camp
du duc de Berry (tout le monde sait le contraire); qu'il a
cherché à *faire sa paix* avec le roi de France, comme si sa position, tracée par le plus strict devoir, eût été plus hostile ou
plus coupable que celle de ses compagnons d'exil; qu'il a at-
tribué le *Manuscrit de Sainte-Hélène* à Napoléon, tandis qu'il
a publié des notes de ce prince qui désavouent et redressent
cet ouvrage; qu'il a signalé le prince Eugène comme dépositaire de la fortune personnelle de Napoléon, tandis que le véritable dépositaire, depuis connu du public, l'était alors de
tous les exilés de Sainte-Hélène.

Suivant un vieil axiome (*mendax in uno mendax in omnibus*),
l'homme pris une fois en mensonge perd le droit d'être cru; et
ces diverses faussetés suffisent à prouver au public le peu de
confiance que méritent les accusations du romancier anglais.
Nous félicitons le général Gourgaud de ce que sa conduite
passée, non moins que sa situation présente, répond victo-
rieusement aux attaques dont il est l'objet. En effet, il est

assez naturel de remarquer que tous ceux qui ont payé d'une profonde ingratitude les bienfaits de Napoléon, sont constitués encore en pouvoir et en dignités. Les princes qu'il a fait rois ont encore une couronne sur la tête, les particuliers qu'il a élevés du néant aux grandeurs ont encore leur place près des trônes; les compagnons de son malheur ont seuls tout perdu sans se plaindre.

Au reste, s'il était vrai que les imputations de Walter Scott fussent une représaille de l'écrit que le général Gourgaud a publié sur la bataille de Waterloo, nous prions le romancier de considérer que beaucoup d'écrivains militaires ont un titre égal à son inimitié et aux effets qui la suivent. Nous ne connaissons pas un officier prussien qui n'ait proclamé que cette victoire si célèbre fut l'effet unique du hasard; tous les détails sur le camp des alliés ont été fournis au général Gourgaud par des Anglais, témoins oculaires, car les ames nobles dans tous les pays ne prisent la gloire que quand elle est acquise à bon titre. Il restera donc beaucoup à faire à sir Walter Scott pour établir la réputation de son héros au-dessus de la première gloire militaire des temps modernes.

No III.

Lettre de l'Empereur au général Gourgaud, en 1814.

Monsieur le baron Gourgaud, mon premier officier d'ordonnance, les derniers événemens me font vous engager à vous rendre à Paris pour y recevoir les ordres du gouvernement. J'ai été très-satisfait de votre conduite et de vos bons services. Vous soutiendrez la bonne opinion que j'ai conçue de vous en servant le nouveau souverain de la France avec la même fidélité et le même dévouement que vous m'avez montrés. Cette lettre n'étant à d'autre fin, je prie Dieu qu'il vous ait en sa sainte garde.

NAPOLÉON.

Fontainebleau, 14 avril 1814.

No IV.

MINISTÈRE DE LA GUERRE.

6e DIVISION. — ARTILLERIE.

Paris, le 11 novembre 1814.

Je vous préviens, Monsieur, que je vous ai nommé chef de l'état-major d'artillerie de la 1re division militaire pour en remplir les fonctions sous les ordres de M. le lieutenant-général comte Maison, gouverneur de la 1re division militaire, et de M. le maréchal-de-camp Dognereau, commandant l'artillerie mobile à Paris.

Votre traitement d'activité vous sera en conséquence payé à dater du 1er de ce mois.

Ces fonctions ne vous empêcheront point de suivre les différens détails de service dont je vous ai chargé, et ceux que le comité central d'artillerie pourra vous donner à remplir.

Recevez, Monsieur, l'assurance de ma considération.

Le ministre de la guerre,

Comte DUPONT.

A M. le baron Gourgaud.

No V.

MINISTÈRE DE LA GUERRE.

6e DIVISION. — ARTILLERIE.

Paris, le 19 mars 1815.

Monsieur,

Je vous préviens que vous serez employé en votre grade à l'état-major général de l'artillerie de l'armée.

Vous prendrez en conséquence au reçu de cette lettre les ordres de M. le lieutenant-général comte Ruty, commandant en chef l'artillerie de l'armée, qui vous fera connaître le service que vous aurez à remplir.

Cette lettre, de laquelle vous m'accuserez la réception, vous servira de titre dans votre nouvel emploi.

Recevez, Monsieur, l'assurance de ma considération.

Le ministre de la guerre.

Pour le ministre et par son ordre :

Le maréchal-de-camp chef de la 6e division,

Signé Baron ÉVAIN.

A M. le baron Gourgaud.

4.

Nᵒ VI.

DOCUMENS OFFICIELS

A L'APPUI DES OBSERVATIONS SUR LE DISCOURS DE LORD BATHURST DANS LA CHAMBRE DES PAIRS, DU 18 MARS 1817.

Restrictions faites par sir Hudson Lowe, et communi-
quées à Longwood le 9 octobre 1816, mais qu'il avait
déjà mises à exécution par différens ordres secrets,
depuis le mois d'août précédent, et qu'il ne communi-
qua jamais aux officiers anglais de service, honteux
sans doute de leur contenu; avec des observations sur
chacune d'elles [1].

I. Longwood avec la route par Hutsgate le long de la montagne jusqu'au poste des signaux, près d'Alarm-House, sera établi comme limite.

I. Le prédécesseur de sir Hudson Lowe avait étendu la
ligne des limites sur les sommets des montagnes. Mais s'étant
aperçu, une quinzaine de jours après, qu'en déplaçant un peu
le poste de soldats, il comprendrait dans les limites la maison
et le jardin du secrétaire-général Bruck, il se hâta de faire ce
changement.

A environ quatre-vingts toises de la route est le jardin de
Corbett, où sont huit ou dix chênes qui donnent quelque ombrage. On y trouve une fontaine et quelque fraîcheur. Par les
nouvelles restrictions, en ne permettant plus que la grande
route, on a substitué une simple ligne à cette surface, et on
a exclu des limites la maison du secrétaire et le jardin Corbett.

II. Des sentinelles marqueront les limites, que personne ne pourra
traverser, pour approcher de la maison de Longwood, sans la permission du gouverneur.

II. D'après les premiers réglemens auxquels était soumis
notre établissement dans cette île et que le gouverneur anglais
a approuvés, voici comment on venait à Longwood. Le gouverneur, l'amiral, le colonel commandant le régiment et le
camp, les deux membres du conseil de la compagnie des

---

[1] Le texte des *Restrictions* est imprimé en caractère pareil à celui
de cette note, et les *Observations* sont en caractère plus gros. Ces observations ont été dictées par l'Empereur. J'ai entre les mains le manuscrit avec les corrections de la main de ce prince.　　　　G.

Indes et le secrétaire-général, qui étaient les principales autorités de l'île, pouvaient traverser la ligne des sentinelles sans
aucune passe ou permission de qui que ce soit. Les habitans
devaient avoir une permission du gouverneur; les marins, de
leur amiral; les soldats, de leur colonel; et enfin, les habitans, les marins et les officiers pouvaient tous venir avec une
permission du comte Bertrand, lorsque l'Empereur les faisait
demander. Cet arrangement, qui subsista huit mois, n'eut aucun inconvénient. Par le réglement actuel, qui est en force
depuis le mois d'août, mais qui n'a été communiqué que par
cet article, nous sommes gardés au secret sans que nous
ayons aucun commerce avec les habitans. Ces derniers, les
officiers et les marins répugnent également à l'idée d'avoir à
aller demander au gouverneur la permission de se rendre à
Longwood et d'avoir à subir un interrogatoire sur le motif
qui les y fait aller. Les étrangers, soit officiers, soit fonction-
naires venant des Indes, qui touchaient à cette île et qui désiraient voir l'Empereur, se présentaient ordinairement chez
le comte Bertrand, qui leur disait le jour et l'heure où ils seraient reçus. Durant leur séjour dans l'île, ils étaient regar-
dés comme citoyens, et avec des permissions du comte Bertrand, pouvaient, lorsque cela leur plaisait, venir visiter
Longwood; et encore une fois, cet arrangement subsista huit
mois, sans qu'il en résultât aucun inconvénient. S'il arrivait
quelques étrangers qui attiraient les soupçons du gouverneur, il pouvait aussitôt défendre leur débarquement, ou les
empêcher de passer le premier poste. Enfin le gouverneur,
par le rapport des sentinelles, savait, tous les jours, le nom
des personnes qui étaient venues à Longwood. Mais lorsque
tout cela fut changé, dans le mois d'août, le gouverneur es-
saya de nous imposer l'obligation de recevoir les étrangers
auxquels il voulait être agréable, et de les recevoir le jour
qu'il lui plaisait. C'était le comble de l'outrage!! L'Empereur
fut obligé de déclarer qu'il ne verrait plus personne, et il ter-
mina ainsi toutes ces insultes.

III. La route à la gauche de Hutsgate, qui retourne par Wood-Ridge
à Longwood, n'ayant jamais été fréquentée par le général Bonaparte,
depuis l'arrivée du gouverneur, le poste qui l'observait, sera en grande
partie retiré; cependant toutes les fois qu'il voudrait aller à cheval dans
cette direction, en prévenant l'officier à temps, il n'éprouvera aucun obs-
tacle.

III. Dans la première observation on a prouvé que les limites avaient été réduites de ce côté. Ici elles sont bien plus
réduites encore. C'est une étrange manière de raisonner, que

de prendre cette décision sous le prétexte que la vallée n'a pas été fréquentée pendant six mois. Il est vrai que depuis plusieurs mois Napoléon, tourmenté par les vexations du commandant, n'est point sorti. De plus, une partie de la vallée n'est point praticable en temps de pluie. Dans l'autre partie on a formé un camp. Cependant lord Bathurst dit dans son discours : « que cette route n'avait été défendue que lors- » qu'on s'était aperçu qu'il (le général Bonaparte) avait » abusé de la confiance qu'on avait en lui, pour essayer de » corrompre les habitans. » Mais ici il est en contradiction avec sir H. Lowe. L'offre que l'on fait de se promener dans cette vallée lorsqu'on le désirerait, est donc évidemment illu- soire. Les détails ordonnés pour l'exécution la rendent impos- sible. Cette offre n'a pu être et n'a pas été accomplie. En per- dant cette promenade il est devenu impossible d'aller dans le jardin de miss Mason, où se trouvent quelques grands ar- bres qui donnent de l'ombre ; de sorte qu'il n'y a plus un point dans les limites où les détenus puissent se promener, où ils puissent trouver un peu d'ombre ou une fontaine. Dans le reste de l'enceinte, on a placé des sentinelles. Sous prétexte de malentendu dans les ordres, ou autrement, toute personne peut être arrêtée, et cela est arrivé plusieurs fois aux officiers français.

IV. S'il (le général Bonaparte) voulait prolonger sa promenade dans quelqu'autre direction, un officier de l'état-major du gouverneur (s'il en est informé à temps) sera prêt à l'accompagner. Si le temps manquait, l'officier de service à Longwood le remplacerait.

L'officier qui le surveille a ordre de ne point l'approcher, à moins qu'il ne soit demandé, et de ne jamais surveiller sa promenade, excepté pour ce que lui commande son service, c'est-à-dire, de veiller à tout ce qui pourrait, dans ces promenades, s'écarter des règles établies, et de l'en avertir respectueusement.

IV. Ceci est inutile. L'Empereur ne sortira pas tant qu'il verra le désir de le soumettre à une inspection directe et pu- blique. *En outre, les officiers de l'état-major ont ordre de faire un rapport de tout ce que les Français peuvent avoir dit en con- versant avec eux. Ceci fournit des occasions à la calomnie.* Plusieurs officiers ont refusé de jouer ce rôle honteux et ont déclaré qu'ils n'étaient point des espions pour répéter les con- versations qu'on pouvait avoir avec eux dans l'intimité d'une promenade.

V. Les réglemens déjà en force, pour empêcher des communications avec qui que ce soit, sans la permission du gouverneur, doivent être strictement exécutés. En conséquence, il est requis du général Bonaparte qu'il s'abstienne d'entrer dans aucune maison ou d'engager aucune couversation avec les personnes qu'il pourrait rencontrer (excepté ce que demandent les salutations et les politesses ordinaires que chacun lui rendra), à moins que ce ne soit en présence d'un officier anglais.

V. Jusqu'ici cet excès d'outrage avait été éludé. L'Empereur ne reconnaît, ni dans le gouverneur, ni dans ses agens, le droit de lui rien imposer. Mais quel est l'objet de cet article ? D'insulter le caractère des détenus et de les avilir !!! de chercher à faire naître des querelles avec les sentinelles. L'enceinte est moralement annulée, puisqu'on ne peut parler à personne, ni entrer dans aucune maison. Ceci est si extraordinaire qu'on est obligé de croire ce que plusieurs personnes soupçonnaient déjà, que sir H. Lowe est quelquefois sujet à des *vertiges*.

VI. Les personnes qui, avec le consentement du général Bonaparte, peuvent toujours recevoir du gouverneur des permissions pour le visiter, ne peuvent, malgré ces permissions, communiquer avec aucune autre personne de sa suite, à moins que ce ne soit spécialement exprimé dans ces permissions.

VI. Ceci est également inutile. Personne n'a été reçu depuis que le commandant actuel a renversé ce qu'avait établi son prédécesseur. Cependant il résulte de cette restriction, que si Napoléon devait recevoir un étranger, comme aucun de ses officiers ne pourrait être présent, ni aucun de ses domestiques faire son service, il serait obligé d'ouvrir lui-même les portes, et que, comme il n'entend pas l'anglais, si la personne admise ne parlait pas le français, il s'ensuivrait que la conversation demeurerait muette et l'entrevue réduite à une pure exhibition !!!

VII. Au coucher du soleil, l'enceinte du jardin autour de Longwood sera regardée comme étant les limites. A cette heure, des sentinelles seront placées à l'entour, mais de manière à ne pas incommoder le général Bonaparte, en observant sa personne, s'il voulait continuer sa promenade dans le jardin après cette époque. Les sentinelles seront postées pendant la nuit de manière à toucher la maison, comme cela se pratiquait auparavant, et l'admission sera interdite jusqu'à ce que les sentinelles soient retirées le lendemain matin de la maison et du jardin.

VII. Pendant les grandes chaleurs, le seul moment où l'on puisse se promener est le coucher du soleil. Pour ne point se rencontrer avec les sentinelles, il faudra rentrer dans la maison, quoiqu'il fasse encore plein jour, et pourtant il aura été impossible de sortir tout le temps qu'il a fait du soleil, cet endroit étant privé d'ombre, d'eau, de verdure ou de fraîcheur. Selon cette nouvelle restriction, on ne peut sortir le soir. L'Empereur ne peut prendre aucun exercice à cheval. Il est dans une petite maison tout-à-fait insuffisante, mal construite et malsaine. Il y manque même de l'eau. On ne perd aucune occasion de lui faire éprouver un manque d'égards. Sa constitution, quoique robuste, en est extrêmement attaquée.

VIII. Toute lettre pour Longwood sera mise, par le gouverneur, sous une enveloppe cachetée, et envoyée à l'officier de service, pour être délivrée cachetée à l'officier de la suite du général Bonaparte auquel elle est adressée, lequel, par ce moyen, sera assuré que personne autre que le gouverneur n'en connaît le contenu.

De la même manière, toute lettre des personnes de Longwood doit être délivrée à l'officier de service, mise sous une seconde enveloppe, cachetée, et adressée au gouverneur, ce qui assurera que personne autre que lui n'en connaîtra le contenu.

Aucune lettre ne doit être écrite ou envoyée, aucune communication, de quelque espèce qu'elle soit, ne doit être faite, excepté en la manière sus-mentionnée. On ne peut avoir aucune correspondance dans l'île, excepté pour les communications qui sont indispensables à faire au pourvoyeur. Les notes qui les contiendraient doivent être données ouvertes à l'officier de garde qui sera chargé de les faire parvenir.

Les restrictions sus-mentionnées commenceront à s'observer le 10 du courant.

Sainte-Hélène, 9 octobre 1816.

H. LOWE.

VIII. Ceci ne regarde pas l'Empereur, qui n'écrit, ni ne reçoit des lettres. En conséquence on ne demandera qu'une explication.

Regarderait-on comme un délit ce que ses officiers pourraient écrire, dans des lettres confidentielles, à leurs connaissances? ou lorsque ceux qui doivent lire ces lettres se seront convaincus que leur contenu ne renferme rien de contraire à la sûreté de l'État ou à sa politique, oublieront-ils le contenu de ces lettres de manière à ce qu'elles ne soient jamais le sujet de conversations ou d'abus!!!

S'il n'en était pas ainsi, toute correspondance doit être considérée comme défendue. La saisie commise sur la personne du comte de Las Cases justifie amplement ces observations.

Le but de cet article, comme l'a prouvé l'inquisition exercée dans toute l'île, est que les papiers-nouvelles n'informent pas l'Europe de la conduite criminelle que l'on suit ici. On se donne bien de la peine pour obtenir ce résultat. Il eût été bien plus simple de se conduire de manière à n'avoir rien à cacher. On alla bien plus loin dans une lettre datée du 1er juillet 1816, adressée au comte Bertrand. On défendit même des communications verbales avec les habitans. C'est le délire de la passion et de la haine, ou plutôt une preuve manifeste de folie! Ce réglement est un léger exemple de toutes les vexations qui font

l'occupation journalière du gouverneur actuel. Que lord Bathurst dise maintenant que sir Hudson Lowe n'a fait aucune
restriction, que la correspondance du ministère a été entièrement à l'avantage des personnes détenues, que le seul objet
a été la sûreté de la détention.

En proie à un traitement aussi absurde et aussi ignoble,
l'Empereur n'est point sorti depuis plusieurs mois. Tous les
gens de l'art peuvent prédire qu'il succombera à ce genre de
vie. C'est une manière de l'assassiner aussi certaine et plus
barbare que le fer et le poison.

N° VII.

*Lettre du général Gourgaud à Sa Majesté l'Impératrice
Marie-Louise.*

Londres, 2 août 1818.

Madame,

Si Votre Majesté daigne se rappeler l'entretien que j'eus
avec elle en 1814 à Grosbois, lorsque, la voyant malheureu-
sement pour la dernière fois, je lui fis le récit de tout ce qu'a-
vait éprouvé l'Empereur à Fontainebleau, j'ose espérer qu'elle
me pardonnera le triste devoir que je remplis en ce moment,
en lui faisant connaître que l'empereur Napoléon se meurt
dans les tourmens de la plus affreuse et de la plus longue
agonie. Oui, Madame, celui que les lois divines et humaines
unissent à vous par les liens les plus sacrés, celui que vous
avez vu recevoir l'hommage de presque tous les souverains
de l'Europe, celui sur le sort duquel je vous ai vue répandre
tant de larmes lorsqu'il s'éloignait de vous, périt de la mort
la plus cruelle, captif sur un rocher, au milieu des mers, à
deux mille lieues des objets de ses plus chères affections,
seul, sans amis, sans parens, sans nouvelles de sa femme,
de son fils, sans aucune consolation.

Depuis mon départ de ce roc fatal, j'espérais pouvoir
aller vous faire part de ses souffrances, bien certain de tout
ce que votre ame généreuse était capable d'entreprendre :
mon espoir a été déçu. J'ai appris qu'aucun individu pouvant
vous rappeler l'Empereur, vous peindre sa situation, vous
dire la vérité, ne pouvait vous approcher; en un mot, que
vous étiez au milieu de votre cour comme au milieu d'une
prison. L'Empereur en avait jugé ainsi. Dans ce moment
d'angoisses, lorsque pour lui donner quelques consolations
nous lui parlions de vous, souvent il nous a répondu : «Soyez

» persuadés que si l'Impératrice ne fait aucun grand effort
» pour alléger mes maux, c'est qu'on la tient environnée
» d'espions qui l'empêchent de rien savoir de tout ce qu'on
» me fait souffrir ; car Marie-Louise est la vertu même. »

Privé donc du bonheur de me rendre près de vous, j'ai
cherché, depuis mon arrivée ici, à vous faire parvenir ces
nouvelles. Ce n'est qu'à présent qu'une occasion sûre vient
de m'être offerte, et je me hâte d'en profiter pour vous faire
parvenir cette lettre, plein d'espoir et de confiance dans la
générosité de votre caractère et la bonté de votre cœur. Le
supplice de l'Empereur peut durer encore long-temps ; il est
temps de le sauver. Le moment présent semble bien favorable.
Les souverains vont se réunir au congrès d'Aix-la-Chapelle ;
les passions paraissent calmées ; Napoléon est loin d'être à
craindre. Il est si malheureux que les ames nobles ne peuvent
que s'intéresser à son sort. Dans de telles circonstances , que
Votre Majesté daigne réfléchir à l'effet que produirait une grande
démarche de votre part , celle , par exemple , d'aller à ce
congrès, d'y solliciter la fin du supplice de l'Empereur, de
supplier votre auguste père de joindre ses efforts aux vôtres
pour obtenir que Napoléon lui soit confié, si la politique ne
permettait pas encore de lui rendre la liberté. Lors même
qu'une telle démarche ne réussirait pas en entier, le sort de
l'Empereur serait bien amélioré. Quelle consolation n'éprou-
verait-il pas en vous voyant agir ainsi ! Et vous, Madame,
quel serait votre bonheur ! Combien d'éloges , de bénédictions
vous attirerait une telle conduite que vous prescrivent la
religion, votre honneur, votre devoir ; conduite que vos plus
grands ennemis peuvent seuls vous conseiller de ne pas suivre.

On dirait : Les souverains de l'Europe, après avoir vaincu
le grand Napoléon, l'ont abandonné à ses plus cruels ennemis ; ceux-ci le faisaient mourir du supplice le plus long et le
plus barbare ; la durée de son agonie le forçait à leur demander des bourreaux plus prompts ; il paraissait oublié, sans
secours ; mais Marie-Louise lui restait, et la vie lui a été
rendue.

Ah! Madame, au nom de ce que vous avez de plus cher
au monde, de votre réputation, de votre devoir, de votre
avenir, faites tout pour sauver l'Empereur; l'ombre de Marie-
Thérèse vous l'ordonne.

Pardonnez-moi, Madame, de vous parler ainsi ; je me laisse
aller au sentiment dont je suis pénétré pour vous. Je voudrais
vous voir la première de toutes les femmes.

Que Votre Majesté daigne se rappeler que lors du voyage
d'Amsterdam, où j'étais resté malade, j'allais périr faute de

soins, lorsque Votre Majesté en ayant été instruite, m'envoya
son médecin avec ordre de me prodiguer toutes les ressources
de l'art. Vous m'avez sauvé la vie, Madame; ce souvenir ne
s'effacera jamais de mon cœur; et je crois ne pouvoir mieux
vous témoigner ma reconnaissance qu'en ayant le courage de
vous écrire cette lettre.

Daignez, etc.

LE GÉNÉRAL GOURGAUD.

N° VIII.

Instructions données par l'Empereur, au général Gour-
gaud, en l'envoyant porter sa lettre au prince régent.

Mon aide-de-camp Gourgaud se rendra à bord de l'escadre
anglaise avec le comte de Las Cases. Il partira sur l'aviso que
le commandant de cette escadre expédiera soit à l'amiral,
soit à Londres. Il tâchera d'obtenir une audience du prince
régent et lui remettra ma lettre. Si l'on ne voit pas d'incon-
véniens pour délivrer des passe-ports pour les États-Unis d'A-
mérique, c'est ce que je désire; mais je n'en veux pas pour
aller dans aucune colonie. Au défaut de l'Amérique, je préfère l'Angleterre à tout autre pays. Je prendrai le titre de colonel Muiron ou Duroc. Si je dois aller en Angleterre, je dé-
sirerais être logé dans une campagne à dix ou douze lieues
de Londres, où je souhaiterais arriver le plus incognito possible. Il faudrait une habitation assez grande pour y loger tout
mon monde. Je serais désireux, et cela doit entrer dans les
vues du gouvernement, d'éviter Londres. Si le ministère avait
envie de mettre un commissaire près de moi, Gourgaud veil-
lera à ce que cela n'ait aucun air de servitude et que ce soit
un homme qui par son rang et son caractère ne puisse donner lieu à aucune mauvaise pensée.

Si Gourgaud devait être envoyé à l'amiral, il serait plus
convenable que le capitaine le gardât à son bord pour le faire
partir sur une corvette, afin d'être sûr qu'il arrivera à Londres avant nous.

Ile d'Aix, le 14 juillet 1815.

NAPOLÉON.

N° IX.

White-Hall, 24 novembre 1818.

Monsieur,

Je suis chargé par lord Sidmouth d'accuser réception de la
lettre que vous avez adressée à Sa Seigneurie, d'Harwich le

18 novembre courant, et de vous faire connaître qu'elle a donné ordre que votre porte-feuille et les autres articles mentionnés dans votre lettre, soient transmis à M. Dutton, agent de la poste à Cuxhaven, afin de vous être délivrés.

Je suis, Monsieur,

Votre très-obéissant et humble serviteur,

H. HOBHOUSE.

Au général Gourgaud [1].

N° X.

Au lord vicomte Sidmouth, secrétaire d'État de S. M. B.
pour le département de l'intérieur, etc., etc.

Hambourg, ce 7 décembre 1818.

Milord,

J'espérais que Votre Seigneurie, instruite combien peu étaient fondés les bruits qui ont couru sur mon compte, m'accorderait la permission que je lui ai demandée dans ma lettre du 18 novembre, de retourner à Londres pour mettre ordre à mes affaires. Le silence de Votre Seigneurie sur ce sujet me faisant craindre que ses nombreuses occupations ne lui aient fait oublier ma demande, j'ai l'honneur de la lui rappeler.

Je joins ici une relation détaillée de tout ce que j'ai souffert de la part des individus chargés de l'exécution des ordres de Votre Seigneurie. Le désir de vous la remettre moi-même en avait jusqu'à ce jour différé l'envoi. Vous y verrez, Milord, qu'après avoir refusé de me conduire devant le privé-conseil ou devant un magistrat, n'avoir pas voulu me permettre de confier à un de mes amis le soin des objets que je laissais dans mon logement; m'avoir enlevé mon porte-feuille et mes

---

White-Hall, 24 november 1818.

[1] I am directed by lord Sidmouth to acknowledge the receipt of the letter addressed by you to His Lordship from Harwich, on the 18th inst., and to acquaint you that your portfolio, and all the other articles alluded to in your letter, shall be transmitted to M. Dutton, post-office agent at Cuxhaven, for the purpose of being delivered to you.

I am, Sir,

Your most obedient humble servant,

H. HOBHOUSE.

To general Gourgaud.

papiers, pillé mes effets; m'avoir accablé des plus indignes traitemens; avoir refusé de me laisser aller soit en Hollande, soit en Belgique; m'avoir tenu quatre jours au secret; ces individus m'ont jeté sur le rivage à Cuxhaven, sans vouloir me donner copie de l'ordre qui me renvoyait d'Angleterre, sans même me laisser le moindre papier qui pût constater qui j'étais; m'exposant ainsi à être arrêté comme un vagabond.

Bien certain, Milord, que cette conduite de vos agens ne peut avoir eu lieu que contrairement à vos intentions, je vous en demande justice.

J'ai déjà eu l'honneur de mander à Votre Seigneurie, que j'avais écrit, par M. Capper, à mon ami le comte de Forbin-Janson, pour le prier de dresser l'état des effets restés dans mon appartement, et de les mettre en lieu de sûreté; mais que cette lettre ne lui avait pas été remise. Depuis j'ai écrit de nouveau à cet ami, pour le charger de la même commission; n'en ayant reçu aucune réponse, je ne puis que présumer que cette dernière lettre a été, comme la première, interceptée. Ainsi, je suis sans aucune nouvelle de tout ce que j'ai laissé dans mon logement; et j'en ai d'autant plus d'inquiétude, que M. Capper m'a dit que ses gens y étaient retournés après mon départ.

M. Hobhouse m'a écrit il y a quelques jours par ordre de Votre Seigneurie, pour m'accuser réception de ma lettre d'Harwich, et m'annoncer l'envoi des articles que j'y réclamais. Jusqu'à présent, il ne m'a été remis que : 1° mon porte-feuille; 2° mes pistolets; 3° un paquet de lettres insignifiantes et de cartes de visite. Ces objets étant loin de former la totalité de ce qui a été saisi par vos agens, je serais très-obligé à Votre Seigneurie, si elle avait la complaisance de me faire savoir ce qu'est devenu le reste, et de le faire mettre à ma disposition.

Mon porte-feuille, que lors de mon arrestation, j'avais eu bien soin de fermer à clef, m'ayant été renvoyé ouvert, je n'ai voulu le recevoir des mains du directeur de la poste anglaise, qu'en présence de M. le sénateur Bartels, chargé de la police de cette ville, afin qu'il pût en constater l'état.

Je ne me permettrai pas, Milord, de discuter si c'était ou non, une mesure bien régulière que celle de visiter mes papiers tandis que l'on me jetait sur le continent; car, innocent, pourquoi me punir? Coupable, pourquoi m'épargner? Sans chercher les raisons de cette visite, le fait est qu'elle a dû vous convaincre que je ne suis pas un conspirateur. Ma correspondance avec plusieurs souverains n'a eu qu'un seul but, celui, en leur faisant connaître la vraie situation du malheureux et trop confiant Napoléon, de tâcher d'obtenir par

leur intervention quelques soulagemens à ses maux. Votre Seigneurie a pu remarquer que, dans ces lettres, c'est le cœur seul qui
parle, et qu'il ne s'y trouve pas un mot qui ait rapport à la
politique.

Quand les ministres anglais, dans toutes les discussions sur
le traitement de leur illustre mais bien infortuné prisonnier
de Sainte-Hélène, s'efforcent de dire qu'ils ne négligent aucun
moyen d'adoucir la rigueur de son sort, peuvent-ils donc me
trouver coupable, moi Français, élevé pour ainsi dire par lui,
honoré de ses bontés dans sa prospérité, qui ai combattu pendant quinze ans sous ses ordres; moi enfin, son aide-de-camp,
qui ai partagé trois années sa captivité; peuvent-ils, dis-je,
ces ministres, me trouver coupable de faire aussi tous mes
efforts pour diminuer ses malheurs? Non, Milord, j'en ap-
pelle à votre conscience.

Voilà cependant, voilà pourquoi on m'a chassé d'Angleterre; voilà pourquoi on m'a envoyé sur le continent pour y
être mis en surveillance, pour y rester sans protection; tel est
du moins le seul motif que je puisse deviner.

Il est vrai que certaines personnes ont fait entendre mali-
cieusement, qu'on ne m'avait ainsi traité que pour donner
plus de crédit à une prétendue conspiration; mais l'absurdité
de ce motif en détruit la supposition.

D'autres ont dit que c'était parce que j'avais publié un ouvrage dans lequel j'ai eu l'audace de dire que Napoléon est le
premier capitaine des temps modernes, et que s'il a été vaincu
dans les champs de Waterloo, c'est par le destin, et non par
le talent. Je n'ai pas l'orgueil de croire, que d'avoir émis cette
opinion, ait pu m'attirer tant de rigueurs; car le fait avancé
est vrai ou faux. Est-il vrai? Le rapporter ne peut être considéré comme un crime, dans un pays dit la terre de la liberté.
Est-il faux? Certes, ce n'est pas tout ce que peut dire un per-
sonnage comme moi, qui le fera passer pour vrai.

Je ne chercherai pas davantage, Milord, à découvrir quels
ont été les motifs de mon renvoi d'un pays où j'avais reçu
l'hospitalité, et où, depuis six mois, je vivais dans la retraite
et la tranquillité. Quels qu'ils puissent être, Votre Seigneurie, à
présent, doit être bien convaincue qu'ils sont injustes. Je puis donc
espérer qu'elle se hâtera d'effacer de mon souvenir les ignobles
traitemens dont j'ai été victime, en m'accordant la permission
que je lui demande encore, d'aller passer quelques jours à
Londres, pour terminer mes affaires d'intérêt, et enfin, pour
ne pas perdre le peu de fortune qui me reste.

J'attends avec une respectueuse confiance votre réponse,
Milord, bien convaincu que ce n'est pas en Angleterre qu'un

ministre peut craindre de reconnaître une injustice et de la réparer.

J'ai l'honneur d'être avec respect,

Milord,

Votre très-humble et très-obéissant serviteur,

LE GÉNÉRAL GOURGAUD.

Nᵒ XI.

RELATION

DE CE QUI M'EST ARRIVÉ DEPUIS MON ENLÈVEMENT DE LONDRES, LE 14 NOVEMBRE, JUSQU'A MON DÉBARQUEMENT A CUXHAVEN, LE 23 NOVEMBRE 1818 [1].

Depuis plusieurs jours j'étais indisposé, souffrant de vives douleurs d'entrailles, lorsque le 14 novembre dernier, vers huit heures du matin, sept à huit hommes, armés de pistolets et de bâtons, sont entrés précipitamment dans ma chambre pendant que j'étais couché, ont entouré mon lit, saisi mes armes et tout ce qui se trouva sous leurs mains. L'un d'eux, le sieur Capper de l'*alien-office*, m'ordonna de me lever à l'instant, disant que lord Sidmouth me demandait. Je répondis que je ne me portais pas bien, que je venais de prendre médecine, mais que néanmoins j'allais m'habiller pour me rendre chez ce lord. Je priai ces individus de sortir de ma chambre pour me laisser lever ; ils refusèrent. Surpris de les voir ouvrir les tiroirs de ma commode pour les fouiller, je demandai à voir l'ordre en vertu duquel ils se conduisaient ainsi, et M. Capper m'en montra un, signé de lord Sidmouth, qui m'enjoignait de sortir du royaume. Je lui fis remarquer que cet ordre ne prescrivait pas de s'emparer de mes papiers et effets, que dans la situation où j'étais, seul, sans domestique, j'avais besoin de quelques heures pour arranger mes affaires, ou pour prier un de mes amis d'en prendre le soin ; enfin, pour me disposer à partir ; mais ledit Capper me dit grossièrement que si je ne me levais à l'instant, il allait m'emmener tout nu ; en même tems, il tira avec force ma couverture. Je protestai

---

[1] Cette relation et ma correspondance avec lord Sidmouth, que l'on voit Nᵒˢ IX, X, XI, XII, XIII et XIV, était jointe à la pétition que j'adressai en 1819 au parlement. Après une vive discussion, le Parlement ordonna l'impression de ma pétition et de ces pièces.

G.

contre cette violence, demandai d'être mené devant le privé-conseil ou devant lord Sidmouth, et m'habillai en toute hâte.

Je fis la demande de pouvoir me rendre en Belgique où j'ai des amis; Capper me dit que cela ne se pouvait pas, parce que le roi des Pays-Bas ne voulait pas recevoir les gens chassés d'Angleterre; que je serais conduit à Cuxhaven, qu'il allait faire enlever tous mes effets, etc. Je passai dans mon salon, entouré de tous les individus susmentionnés. Quoiqu'ils eussent pris les armes qu'ils avaient trouvées dans ma chambre, ils paraissaient encore craindre beaucoup : ils tenaient leurs pistolets sur ma poitrine. Je leur dis que j'avais encore deux pistolets dans une armoire que je leur indiquai; ils les y prirent. Ils s'étaient déjà emparés de mon porte-feuille, de mes papiers et de plusieurs autres effets.

Protestant toujours contre l'enlèvement irrégulier ou plutôt le pillage de mes effets, je ne pus parvenir qu'avec beaucoup de difficultés à mettre une portion de papiers déjà saisis dans le porte-feuille, que je fermai à clef malgré Capper qui voulait que je le laissasse ouvert. Je déclarai alors que je ne redoutais pas l'examen de mes papiers par lord Sidmouth; que plusieurs d'entre eux m'étaient très-précieux, et que je ne me souciais pas de les laisser à la merci de Capper et de sa bande; que même, pour être certain qu'on n'en soustrairait pas ou qu'on n'en ajouterait pas d'autres, je voulais y mettre les scellés.

Ce désir de faire les choses en règle sembla contrarier les plans de Capper; et pour m'empêcher de mettre les scellés à mon porte-feuille, il voulut m'arracher des mains le morceau de cire. Je parvins cependant à sceller le couvercle, malgré cet homme dont la colère s'augmentait à chaque instant. Je me disposais à mettre d'autres scellés sur les côtés, lorsque, ne se possédant plus, il se jeta en furieux sur mon porte-feuille et l'arracha de mes mains. C'était probablement le signal convenu avec ses complices; aussitôt deux d'entre eux me saisirent à la gorge, tandis que les autres me frappaient sur la tête avec leurs bâtons, ou s'emparaient de mes effets. Ce fut dans ce moment que je criai : Au meurtre! et je crois qu'il était temps. Leur rage n'eut plus de bornes, ils m'entraînèrent hors de ma chambre. Ceux-ci me frappaient de leurs bâtons et pistolets, ceux-là s'efforçaient de me mettre un mouchoir sur la bouche; tous cherchaient à me jeter dans une voiture qui était à ma porte. Le seul but de tous mes efforts était d'obtenir d'être mené devant un magistrat, je ne voulais que mettre les scellés sur les malles que je laissais dans mon logement, et pouvoir en charger quelqu'un de mes amis;

je ne demandais que la justice, que ce qu'on ne me refuserait pas à Tunis et à Alger. Tout fut inutile, tout fut refusé. Capper et ses complices disaient aux personnes que mes cris avaient attirées autour de la voiture, que j'étais un fou, un grand criminel; à d'autres que j'étais coupable de haute trahison; ils osèrent même menacer de tirer des coups de pistolet à celles qui voulaient s'opposer à ces traitemens inhumains. Pendant quelques instans, ma jambe droite resta en dehors de la voiture, ils essayèrent néanmoins d'en fermer la portière avec force et à plusieurs reprises. Je crus avoir la jambe cassée; la douleur que j'éprouvai fut telle, que je tombai à la renverse dans le carrosse, où Capper et quatre des siens étaient montés. Ils profitèrent de cette circonstance, me tinrent sous leurs pieds, deux autres montèrent sur le siège du cocher et la voiture partit au galop. Elle me conduisit par le pont de West-minster dans une maison du faubourg (cette maison appartient à Capper). Ils me déposèrent dans une salle; deux restèrent près de moi, tandis que les autres passèrent dans la pièce voisine pour se partager probablement mes dépouilles.

Au bout de quelques instans, Capper rentra et employa tous les moyens possibles pour obtenir de moi une lettre pour l'hôtesse de ma maison, qui autorisât le dit Capper à rentrer chez moi et prendre dans mon logement ce qu'il voudrait. Je m'y refusai formellement. Alors Capper me dit en colère que j'allais partir comme j'étais, sans linge, sans chapeau, etc. Je souffrais extrêmement des maux de tête. Tout ce que je pus obtenir fut qu'on me rendît un de mes mouchoirs pour m'en serrer le front. J'avais peine à marcher. Deux hommes me prirent sous les bras et me portèrent à une voiture qui m'attendait derrière la maison. On m'y plaça entre Capper et un des plus vigoureux de sa bande; un troisième monta sur le siège.

À cinq ou six milles de Londres, la voiture s'arrêta à une auberge (*the Sun rising*) où ces trois misérables entrèrent pour déjeuner. Ils me firent descendre. Comme je ne voulus pas prendre part à ce repas, je fus, pendant tout le temps qu'il dura, le sujet des plus basses plaisanteries. Lorsqu'enfin ils eurent fini et qu'ils me conduisaient à la voiture, je demandai à la maîtresse de l'auberge et à cinq ou six personnes qui se trouvaient là, si je ne pouvais pas parler à un magistrat; je dis que j'étais un malheureux étranger qu'on avait enlevé de son logement qu'on laissait au pillage, etc. Capper et les siens dirent que j'étais un grand criminel, un *scoundrel*, et recommencèrent à me maltraiter; ils prirent même des cordes pour me garotter.

5

Dans la voiture il me fallut entendre ces misérables tenir les plus horribles propos contre des personnages des plus distingués dans les deux Chambres par leurs talens et leurs vertus. *Ce sont vos amis*, disaient-ils. *Ah! nous voudrions bien tenir ici tous ces rascals*, etc.

A la ville prochaine (je crois Ylmefort) on fut un peu de temps pour atteler les quatre chevaux de poste à la voiture, et plusieurs personnes s'en approchèrent par curiosité. Je demandai de nouveau à parler à un magistrat, car je ne pouvais croire que Capper et les siens fussent en droit de faire ce qu'ils faisaient. Mais ce Capper sortit un pistolet de sa poche et m'en frappa rudement dans le côté pendant que son complice me frappait sur la tête. C'est en vain que j'implorai l'assistance des personnes qui environnaient la voiture. Je voyais bien la compassion peinte sur toutes les figures; mais le troisième misérable qui était sur le devant de la voiture, avec les mots: *C'est l'ordre de lord Sidmouth, haute trahison, grand criminel*, empêchait tout secours. Je saignais beaucoup; je me résignai à mon sort, car je vis bien que je n'avais rien à espérer. Je ne fis plus de tentative pour obtenir justice. Je voulus descendre une fois pour des besoins naturels, on me refusa.

Nous arrivâmes à Harwich à onze heures du soir. J'avais une fièvre très-forte; je souffrais horriblement; je ne demandais que le repos; mais il me fallut attendre que les Capper et compagnie, qui avaient déjà bien dîné en route, eussent soupé avant que je pusse obtenir de prendre du repos. Pendant la nuit, deux couchèrent dans ma chambre dont on cloua les fenêtres, le troisième dans la chambre voisine.

Le lendemain 15, Capper me dit que j'allais voir un magistrat, et peu après entra un individu que Capper me dit être celui du lieu. Je voulais lui raconter la violence qu'on m'avait faite, le pillage de mon logement, le refus de me conduire devant le privé-conseil ou devant un magistrat, le refus de me laisser enfermer mes effets, y mettre les scellés, en charger un ami, enfin le refus qu'on me faisait de me donner copie de l'ordre de lord Sidmouth; mais j'avais à peine commencé, que ce prétendu magistrat m'interrompit pour me dire que je n'avais qu'à m'adresser à M. Capper qui, dit-il, représentait lord Sidmouth. Je vis que je n'avais rien à espérer de ce soi-disant magistrat. Je lui demandai cependant encore s'il voulait se charger d'une lettre pour lord Sidmouth; mais il me répondit que je n'avais qu'à la donner à M. Capper. Je pris le parti de souffrir en silence.

Le même jour, Capper me dit qu'il allait retourner à Londres et que si je voulais des habits et du linge de mon logement, je n'avais qu'à lui donner par écrit l'autorisation d'y entrer, ce que je refusai avec raison ; mais j'écrivis à mon banquier pour lui demander quelque argent ; j'écrivis aussi à mon ami, le comte de Forbin-Janson, pour le prier de prendre possession de tout ce que j'avais laissé dans mon logement, d'en faire dresser l'état en règle, de constater si mes malles avaient été forcées, d'y mettre les scellés, de déposer le tout en lieu de sûreté et de m'envoyer seulement quelques habillemens que je lui indiquai. Les noms de MM. Brougham et Bennett se trouvant dans cette lettre, Capper refusa de s'en charger; il m'en fallut écrire sous ses yeux une autre, où je ne parlai pas de ces messieurs et qu'il consentit enfin à remettre ouverte.

Le 16, mes gardiens reçurent des gazettes de Londres ; ils refusèrent de me les laisser lire. Depuis mon arrivée à Harwich, j'étais au secret le plus rigoureux, obligé de m'habiller, de satisfaire tous mes besoins en présence de mes gardiens; on avait en outre placé des gardes sous mes fenêtres, etc. Je demandai à parler à un clergiman, j'avais intention de lui faire connaître tout ce qu'on me faisait souffrir ; ma demande fut refusée. Tout ce que je pus obtenir fut, comme j'avais toujours la fièvre et de violens maux de tête, fut, dis-je, de consulter un médecin, encore ce ne fut qu'en présence de mes gardiens.

Capper revint de Londres le 18 au matin ; il me dit qu'on était retourné par ordre de lord Sidmouth dans mon logement, il me rapporta des habillemens, du linge et une lettre ouverte de mon ami Forbin-Janson, qui m'apprit qu'on ne lui avait pas laissé lire la mienne. Cette circonstance me fit tout craindre pour les effets restés chez moi. Capper me dit que lord Sidmouth avait mon porte-feuille et tous mes papiers. Je me trouvais ainsi sans aucune espèce de titre pour justifier qui j'étais. Je demandai de nouveau la copie de l'ordre de lord Sidmouth qui m'enjoignait de sortir de l'Angleterre, ou au moins un certificat que mes papiers étaient chez ce lord. Je ne pus rien obtenir ; j'écrivis à lord Sidmouth par Capper pour me plaindre de l'enlèvement de mes effets et demander la permission de retourner à Londres pour les réclamer devant les tribunaux, etc.

On visita encore le linge et les habillemens que j'emportais. Capper fouilla dans les poches, et enfin à deux heures, ces misérables, après m'avoir fait payer toute la dépense de l'auberge, le passage, etc., me conduisirent au paquebot *le Castlereagh*. La seule faveur que j'obtins fut qu'ils ne me tien-

5*

draient pas au collet, mais que je donnerais le bras à **M. Bil-lingstey** (de l'*alien-office* à Harwich) dont je n'avais pas à me plaindre. Je me plais à lui rendre justice.

On me remit au capitaine du paquebot, qui avait, disait-on, l'ordre de me donner un passe-port lorsque je serais débarqué. On mit aussitôt à la voile, et le 23 nous arrivâmes à Cuxhaven. Je demandai au capitaine le passe-port dont m'avait parlé M. Capper. Quelles furent ma surprise et mon indignation, lorsque ce capitaine (M. Macdonaugt, qui est un bon et loyal Anglais) me dit qu'il n'en avait aucune connaissance. Je pensai qu'on en avait agi ainsi pour que je fusse arrêté à mon débarquement. Je priai le capitaine de m'accompagner chez le gouverneur de Cuxhaven, pour déclarer qu'on m'avait remis à son bord par ordre de son gouvernement. Sur cette déclaration et sur celle que je fis, que lord Sidmouth avait fait prendre mes papiers, etc., je parvins à avoir un passe-port pour Hambourg où je suis arrivé le 25 et où je suis en surveillance. J'y attends la réponse à la lettre que j'ai écrite à lord Sidmouth, la restitution des effets qui m'ont été pris, et la réparation que je demande pour les mauvais traitemens que j'ai éprouvés.

Certifié sincère et véritable. Hambourg, ce 26 novembre 1818.

Le général GOURGAUD.

N° XII.

Lettre de M. Hobhouse.

White-Hall, 12 janvier 1819.

Monsieur,

Je suis chargé par lord Sidmouth d'accuser réception de votre lettre du 7 décembre dernier, dans laquelle vous vous plaignez de ce que quelques articles de votre propriété ne vous ont point été délivrés et que votre porte-feuille vous a été renvoyé ouvert; et en réponse je me réfère à ma lettre du 24 novembre dernier, dans laquelle vous étiez informé que Sa Seigneurie avait donné ordre que votre porte-feuille et les autres articles mentionnés dans votre lettre du 18 novembre, seraient transmis à M. Dutton, agent de la poste à Cuxhaven, afin de vous être délivrés; et je dois vous faire connaître que comme vous n'avez mentionné aucun des articles que vous dites vous avoir été retenus, Sa Seigneurie a été incapable de faire faire aucune enquête à leur égard.

Lord Sidmouth a cependant fait faire une enquête au sujet de votre autre plainte, que votre porte-feuille vous avait été délivré ouvert, et Sa Seigneurie la trouvé grossièrement dénuée de fondement.

Je suis, Monsieur,

Votre très-obéissant et humble serviteur,

H. HOBHOUSE.

Au général Gourgaud à Hambourg [1].

N° XIII.

Au lord vicomte Sidmouth, secrétaire d'État de S. M. B. pour le département de l'intérieur.

Hambourg, 6 février 1819.

Milord,

Je viens de recevoir une lettre de M. Hobhouse, datée du 12 janvier, que, d'après les ordres de Votre Seigneurie, il m'écrit, dit-il, en réponse à celle que j'ai eu l'honneur de vous adresser le 7 décembre dernier. Votre Seigneurie peut se faire représenter cette lettre du 7 décembre, ainsi que celle du 18 novembre, d'Harwich, et elle verra qu'après lui avoir rendu compte de la violation des lois anglaises à mon égard, des indignes traitemens et outrages dont j'ai été accablé par ses agens, je lui en demandais justice et la priais de me permettre de me rendre à Londres pour réunir ce que j'y ai

---

White-Hall, 12 january 1819.

[1] I am directed by lord Sidmouth to acknowledge the receipt of your letter of the 7th ultim., in which you complain of some articles of your property not having been delivered to you, and that your portfolio had been returned to you open; and in reply I am to refer you at my letter of the 24th of november last, in which you were informed that His Lordship had given directions that your portfolio and all the other articles alluded to in your letter of the 18th of november, should be transmitted to M. Dutton, post-office agent at Cuxhaven, for the purpose of being delivered to you; and I am to acquaint you that as you have not mentioned any of the articles which you alledge to be withheld from you, His Lordship has been unable to institute any enquiry respecting them.

Lord Sidmouth has however caused enquiry to be made as to your other complaint of your portfolio having been delivered to you open, and His Lordship finds it to be utterly destitute of foundation.

I am, Sir,

Your most obedient humble servant,

H. HOBHOUSE.

To general Gourgaud.

laissé, et terminer mes affaires d'intérêt. M. Hobhouse gardant un silence absolu sur ces demandes, je vous les renouvelle encore, en vous priant de me faire connaître votre réponse.

Votre Seigneurie m'annonce qu'elle n'a pu ordonner d'enquête sur les objets qui m'ont été pris par ses agens, parce que je ne les ai pas mentionnés. Mais, Milord, tous mes effets étant restés, après mon enlèvement de Londres, à l'entière disposition de vos agens, je ne pourrai faire un état complet de ce qu'ils ont saisi, que lorsque je saurai ce qu'ils ont laissé. J'avais dans mon appartement quatre malles fermées; l'une d'elles m'a été renvoyée à Harwich. Comment puis-je savoir ce qui est resté dans les trois autres, à la suite des visites que les inquisiteurs de Votre Seigneurie ont faites après mon départ?

A ce sujet, je répéterai à Votre Seigneurie ce que j'ai eu l'honneur de lui dire dans mes précédentes lettres : qu'après qu'on eut refusé de me conduire, lors de mon arrestation, devant le privé-conseil, j'avais demandé de pouvoir remettre à quelqu'un ce que j'étais forcé de laisser à Londres, et que cette demande m'avait aussi été refusée; que le lendemain j'avais écrit par M. Capper à un de mes amis, pour qu'il fît vérifier et constater, d'une manière régulière, l'état dans lequel étaient mes trois malles, et ce qu'il trouverait dans mon appartement, et qu'on n'avait pas voulu lui laisser prendre connaissance de cet article de ma lettre, non plus que de celui où je réclamais mon porte-feuille.

Je désirais que tout se fît en règle. On s'y est refusé, sans doute afin de pouvoir fouiller et prendre impunément tout ce qu'on voudrait chez moi.

Lors donc que j'éprouve de vives inquiétudes sur ce que mes malles contenaient; lorsque je sollicite avec instance la permission de retourner à Londres pour arranger mes affaires, je paraîtrais peut-être ridicule, si je priais Votre Seigneurie de me faire restituer des objets tels que ceux-ci : des mouchoirs de batiste, des bas de soie, quelques livres, une cuiller d'argent, un parapluie, une canne, etc. Je sais trop bien que, lorsque l'on a le malheur de recevoir la visite des hommes de l'espèce de vos agens, on doit compter sur des pertes.

En attendant donc, Milord, que, par suite de l'inspection de mes malles, je puisse savoir exactement tout ce qui me manque, je me borne à réclamer un petit porte-feuille et quelques papiers dont j'ai besoin. Ils étaient sur ma table, ont été pris en ma présence, et ne m'ont pas été renvoyés. Ce sont des notes préparées pour une nouvelle édition de la

Campagne de 1815; des remarques sur la violation de la capitulation de Paris, et quelques lettres.

Le dernier paragraphe de la réponse de M. Hobhouse est
curieux. Ce Monsieur s'exprime ainsi : « Lord Sidmouth has
« caused enquiry to be made as your other complaint at your
« portfolio having been delivered to you open, and His
« Lordship finds it to be utterly destitute of foundation. »

Je ne relèverai pas, Milord, ce que ces expressions de
votre secrétaire contiennent d'inconvenant et d'offensant;
j'en serai assez vengé par la honte que va éprouver celui qui
se les est permises. Sans doute il a cru que, cédant aux instances et aux menaces qui dernièrement m'ont été faites pour
me décider à quitter cette ville et m'aller constituer prisonnier à Prague, il a cru, dis-je, que je n'étais plus à Hambourg, que je ne pourrais pas lui répondre, que je ne pourrais pas faire constater la vérité. Il s'est trompé.

Il parle d'une enquête, et il me semble que si l'on en faisait
une pour s'assurer de ce qui avait eu lieu lors de la réception
de mon porte-feuille, il était juste que j'en fusse informé, que
l'on me demandât des renseignemens. Je n'en ai rien su; on
ne m'a rien demandé.

Dans ma lettre du 7 décembre, Milord, je vous ai mandé
que mon porte-feuille que j'avais eu bien soin de fermer à
clef, m'ayant été renvoyé ouvert, je n'avais voulu le recevoir
des mains du directeur de la poste anglaise qu'en présence de
M. le sénateur Bartels, chargé de la police de cette ville, et
la pièce ci-jointe, signée de ce magistrat, prouve que ce
que j'ai dit n'est pas *utterly destitute of foundation.*

Cette attestation pourra aussi servir à Votre Seigneurie
pour apprécier le degré de croyance qu'elle doit donner aux
rapports de ses inquisiteurs.

Il est vrai, Milord, que je me suis toujours plaint de l'enlèvement irrégulier de mes papiers, de mon porte-feuille,
tandis que l'on me renvoyait d'Angleterre; mais je n'ai pas eu
la pensée de me plaindre de ce que ce porte-feuille m'était
renvoyé avec la serrure forcée.

Qu'il m'ait été rendu ouvert, qu'il m'ait été rendu fermé,
c'était pour moi absolument la même chose; je n'en aurais pas
moins été persuadé qu'on ne me l'avait enlevé que pour prendre connaissance de ce qu'il renfermait.

Dans quelle autre vue aurait-on voulu m'empêcher de le
fermer à clef? Dans quelle vue m'aurait-on empêché d'y mettre les scellés où et comme je voulais? Dans quelle vue me
l'aurait-on enlevé? Dans quelle vue aurait-on refusé de me le
rendre pendant les quatre jours que je suis resté à Harwich?

Enfin, dans quelle vue l'aurait-on gardé onze jours après mon départ ?

Il m'a été rendu avec la serrure ouverte, et je pense que cela ne prouve rien de plus, sinon que ceux qui l'ont ouvert sont plus experts à lever des scellés qu'à fermer des serrures.

Telle est du moins, Milord, mon opinion, et je crois que tout homme de sens ne la trouvera pas *utterly destitute of foundation*.

J'ai l'honneur d'être avec respect, etc.

LE GÉNÉRAL GOURGAUD.

N° XIV.

A M. le général baron Gourgaud, à Hambourg.

Monsieur le général,

En réponse à la lettre que vous m'avez fait l'honneur de m'écrire hier, relativement à un certificat, constatant, que votre porte-feuille ne vous a été rendu qu'ouvert par l'agent de la poste anglaise, M. Staecker, je m'empresse de vous dire que quoique je me rappelle bien :

« Que vous vous êtes rendu chez moi le 30 novembre der-
» nier à six heures du soir, accompagné de M. Staecker, agent
» de la poste anglaise en cette ville, et d'un domestique por-
» tant un porte-feuille, que vous m'avez déclaré que ce porte-
» feuille que vous aviez eu une attention toute particulière
» de fermer à clef, lorsqu'il vous fut enlevé le 14 novembre,
» vous étant renvoyé ouvert, vous ne vouliez le recevoir qu'en
» ma présence ; qu'après avoir examiné ledit porte-feuille, je
» me suis assuré que la serrure en était ouverte, ce dont je
» me suis convaincu en ouvrant ledit porte-feuille sans la clef,
» et qu'enfin ce ne fut que lorsque cette circonstance eut été
» bien reconnue, que vous avez repris le porte-feuille. »

Je ne suis pas en état de vous délivrer là-dessus un certifi-
cat en qualité de magistrat, attendu que l'examen n'a été fait par moi qu'en qualité de simple particulier.

Au reste, je ne puis vous refuser comme particulier la dé-
claration qu'il est incontestablement vrai que vous n'avez voulu recevoir votre porte-feuille de l'agent de la poste an-
glaise qu'en ma présence, et qu'après que j'en eusse examiné l'état ; que je me suis convaincu, ainsi que ledit agent, que la serrure en était ouverte, et n'était nullement fermée à clef, seulement les deux scellés paraissaient être en assez bon état ; qu'à ce sujet vous avez dit que de tels scellés étaient bien fa-

ciles à lever et à remettre, sans qu'on puisse s'en apercevoir, tandis que les serrures à trèfle comme celle de votre porte-feuille une fois forcées, étaient presque impossibles à refermer sans la clef.

Agréez, M. le général, les assurances de ma plus parfaite considération.

J. N. BARTELS,

Sénateur et chef de la police, à Hambourg.

Hambourg, le 30 janvier 1819.

N° XV.

RÉPONSE DE L'EMPEREUR

AU SUJET DES TRÉSORS.

Lord Bathurst, dans son discours à la Chambre des pairs, le 18 mars 1817, ayant avancé que *l'Empereur avait des trésors immenses à sa disposition*, l'Empereur dicta la réponse suivante [1] :

« Vous voulez connaître les trésors de Napoléon. Ils sont
» immenses, il est vrai, mais ils sont exposés au grand jour.
» Les voici : le beau bassin d'Anvers, celui de Flessingue, ca-
» pables de contenir les plus nombreuses escadres, et de les
» préserver des glaces de la mer ; les ouvrages hydrauliques
» de Dunkerque, du Hâvre, de Nice ; le gigantesque bassin
» de Cherbourg ; les ouvrages maritimes de Venise ; les belles
» routes d'Anvers à Amsterdam, de Mayence à Metz, de
» Bordeaux à Bayonne ; les passages du Simplon, du Mont-
» Cénis, du Mont-Genèvre, de la Corniche, qui ouvrent les
» Alpes dans quatre directions (dans cela seul vous trouveriez
» plus de 800 millions), ces passages, qui surpassent en har-
» diesse, en grandeur et en efforts de l'art tous les travaux des
» Romains ! Les routes des Pyrénées aux Alpes, de Parme à
» la Spezzia, de Savone en Piémont ; les ponts d'Iéna, d'Aus-
» terlitz, des Arts, de Sèvres, de Tours, de Rouanne, de
» Lyon, de Turin, de l'Isère, de la Durance, de Bordeaux,
» de Rouen, etc., etc. Le canal qui joint le Rhin au Rhône
» par le Doubs, unissant les mers de Hollande avec la Médi-
» terranée ; celui qui unit l'Escaut à la Somme, joignant

[1] Voyez Observations sur le discours de lord Bathurst, du 18 mars 1817, Tome 1er, page 57 du Recueil des pièces sur Sainte-Hélène.

» Amsterdam à Paris ; celui qui joint la Rance à la Vilaine ; le
» canal d'Arles ; celui de Pavie ; celui du Rhin. Le desséche-
» ment des marais de Bourgoing, du Cotentin, de Rochefort.
» Le rétablissement de la plupart des églises démolies pendant
» la révolution ; l'élévation de nouvelles ; la construction d'un
» grand nombre d'établissemens d'industrie, pour l'extirpation
» de la mendicité. La construction du Louvre, des greniers
» publics, de la banque, du canal de l'Ourcq, la distribution
» de ses eaux dans la ville de Paris ; les nombreux égouts, les
» quais, les embellissemens et les monumens de cette grande
» capitale. Ses travaux pour l'embellissement de Rome, le ré-
» tablissement des manufactures de Lyon. La création de plu-
» sieurs centaines de manufactures de coton, de filature et de
» tissage, qui emploient plusieurs millions d'ouvriers. Des
» fonds accumulés pour créer plus de quatre cents manufac-
» tures de sucre de betterave pour la consommation d'une par-
» tie de la France, qui auraient fourni du sucre au même prix
» que celui des Indes, si elles eussent continué d'être encou-
» ragées seulement encore quatre ans. La substitution du pastel
» à l'indigo, qu'on fût venu à bout de se procurer en France
» à la même perfection et à aussi bon marché que cette produc-
» tion des colonies. Le nombre des manufactures pour toute
» espèce d'objets d'art... etc., etc. Cinquante millions em-
» ployés à réparer et à embellir les palais de la couronne.
» Soixante millions d'ameublemens placés dans les palais de
» la couronne en France, en Hollande, à Turin, à Rome.
» Soixante millions de diamans de la couronne tous achetés
» avec l'argent de Napoléon. Le *Régent* même, le seul qui
» restât des anciens diamans de la couronne de France, ayant
» été retiré par lui des mains des Juifs de Berlin auxquels il
» avait été engagé pour trois millions. Le musée Napoléon es-
» timé à plus de quatre cent millions et ne contenant que des
» objets légitimement acquis, ou par de l'argent, ou par des
» conditions de traités de paix, connus de tout le monde, en
» vertu desquels ces chefs-d'œuvre furent donnés en commu-
» tation de cession de territoire ou de contributions. Plusieurs
» millions amassés pour l'encouragement de l'agriculture, qui
» est l'intérêt premier de la France. L'institution des courses
» de chevaux, l'introduction des mérinos, etc., etc., etc.
» Voilà qui forme un trésor de plusieurs milliards, qui du-
» rera des siècles.
» Voilà les monumens qui confondront la calomnie !!!....
» L'histoire dira que tout cela fut accompli au milieu de
» guerres continuelles, sans aucun emprunt, et même lorsque
» la dette publique diminuait tous les jours et qu'on avait

» allégé les taxes de près de 50 millions. Des sommes très-
» considérables demeuraient encore dans son trésor particu-
» lier. Elles lui étaient conservées par le traité de Fontaine-
» bleau, comme résultant des épargnes de sa liste civile et de
» ses autres revenus privés. Elles furent partagées et n'allèrent
» pas entièrement dans le trésor public, ni entièrement dans
» celui de la France !!!!... »

N° XVI.

A Messieurs les Membres de la Chambre des députés.

Messieurs,

Le baron Gourgaud, mon fils, n'est inscrit sur aucune liste
de déportation, ni exilé par aucune loi; il n'est point accusé,
ni atteint par aucun jugement, et ce fils subit, dans ce moment, la peine des coupables! C'est pour ce fils que j'ose réclamer avec confiance l'intervention de la Chambre, afin qu'il
soit appelé à jouir des droits que sa qualité de Français lui
donne : de rentrer dans sa patrie et d'y vivre sous ses lois.

Au mois de mars dernier, mon fils a demandé au ministre
de France à Hambourg, les passe-ports nécessaires pour se
rendre en France; ils lui furent refusés. Il en obtint cependant pour Francfort-sur-le-Mein; il y vint, persuadé, et
d'après les promesses qui avaient été faites à sa famille, qu'étant
plus rapproché de son pays natal, il lui serait permis, sous
quelques mois, de revoir une patrie pour laquelle il avait
combattu pendant vingt ans. Mon fils, Messieurs, ne fut pas
plus heureux dans ses dernières tentatives. M. Reinhart lui
fit le même refus à Francfort que M. de Marandet à Hambourg.

Après avoir épuisé tous les moyens que j'ai cru les plus
légaux, tels que de faire solliciter auprès de M. le ministre
des affaires étrangères, l'ordre de faire délivrer les passe-ports
qui venaient d'être refusés à mon fils; Son Excellence en a
toujours éludé la promesse, en fixant elle-même des délais
successifs, jusqu'au 30 janvier dernier, époque à laquelle j'ai
fait renouveler la même demande, sans en obtenir plus de
succès.

Mon fils, Messieurs, a toujours été étranger à la politique;
son éducation, très-soignée, a été entièrement dirigée, selon
ses goûts, vers la carrière militaire; élève de l'Ecole Polytech-
nique, il est entré dans l'arme de l'artillerie, où il est parvenu
à un grade supérieur.

Une mère plus que septuagénaire, ne demandant que l'exécution des lois de son pays, doit-elle perdre l'espoir d'embrasser un fils unique, avant de fermer les yeux à la lumière, et de faire rendre un Français à sa patrie? Elle implore avec confiance la protection de la Chambre des députés, dans l'espérance qu'elle secondera, avec intérêt, la demande bien légitime qu'elle a l'honneur de lui adresser.

Je suis avec la plus haute considération,

Messieurs les Députés,

Votre très-humble et très-obéissante servante,

Signé, Ve GOURGAUD.

Paris, février 1821.

N° XVII.

Au Rédacteur du Galignani's Messenger.

Paris, le 7 août 1824.

Monsieur,

Nous avons lu avec surprise dans votre feuille d'hier, un article relatif aux dernières dispositions de l'empereur Napoléon à Sainte-Hélène.

Son testament avait été déposé, et avait dû l'être, à la cour des prérogatives de l'archevêque de Cantorbéry, dans le ressort de laquelle l'île Sainte-Hélène, dernière résidence du testateur, est située. Il ne nous appartient pas de faire connaître des actes qui n'étaient point destinés à devenir publics; mais nous croyons de notre devoir de déclarer, autant pour notre propre satisfaction, que par respect pour la mémoire de notre dernier capitaine, que, dans ses derniers momens, il n'a oublié, dans la répartition de ses bienfaits, aucune des personnes qui l'ont suivi dans son exil, et que le général Gourgaud, dont le nom ne se voit pas sur les listes que vous avez publiées, a été l'objet d'une disposition spéciale de l'Empereur en reconnaissance de son dévouement, et pour les services qu'il lui a rendus, pendant dix ans, comme premier officier d'ordonnance et aide-de-camp, soit sur les champs de bataille en Allemagne, en Russie, en Espagne et en France, soit sur le roc de Sainte-Hélène.

Si les legs faits sur les sommes demandées à l'archiduchesse de Parme et au prince Eugène n'ont pu jusqu'ici recevoir leur exécution, cet accident doit être imputé à des événemens indépendans de notre volonté, et sans doute étrangers aux illustres personnages qui ont eu une si grande part aux affections du testateur.

Nous avons l'honneur, etc.

LE COMTE BERTRAND.

LE COMTE DE MONTHOLON.

TABLE DES MATIÈRES.